HERO'S

経営という冒険を楽しもう３

コロナ禍に立ち上がった経営者たち

「HERO'S CLUB」主宰
仲村恵子

CLUB

はじめに

おかげさまで「経営という冒険を楽しもうシリーズ」、ヒーローズクラブの経営者たちが乗り越えてきた真実の物語も5冊目になりました。

・僕は社長をやめたくなった
　社長と幹部が魂の同士になった奇跡の物語（S.T.S・メディアラボ）
・僕は社長をやめたくなった2
　社長と幹部が魂の同士になった奇跡の物語（愛和食品・町田パートナーズ）
・経営という冒険を楽しもう！
　売上ゼロ！　コロナ禍から120日でV字回復した奇跡の物語（銀座鮨おじま・山旅人）
・経営という冒険を楽しもう2
　カナディアンロッキーの奇跡（アールアイ・ISHIDA）

大好評をいただき嬉しい限りです。

この物語が続いているのは、それぞれの経営者の人生に葛藤があり、諦めそうになった時、「どうせ無理を乗り越えて、もしヒーローだったらどう考え行動しただろう」と、常に今の自分では考えられない高次の考え方を採用し、現実を変えてきたからです。

思い通りにならない現状から、望む結果を出現させるのは、そう簡単なことではありません。しかし奇蹟のような世界を引き起こせたのは、真摯に自分の考え方と向き合い、新しい時代に挑戦してきたからです。

そういう意味では、奇蹟とは考え方を変えることだと思っています。


特に本書で登場する、株式会社ヴァリアントの「ヒロ」は、私たちと最も長きにわたり冒険を続けてきた大切な仲間です。

一人で戦う葛藤から、チームで戦うことへの挑戦は、私たちに勇気をギフトしてくれます。「これからもヒーローズクラブが、どのようなコミュニティを創り、どのように世界に貢献していくのか、最後まで一緒にいて見届けてね」と話したくなる存在です。

そして、株式会社ダスキン福山の「りょうちゃん」は、二〇二一年から始まるヒーローズクラブが、「日本を元気に！」をテーマに立ち上げた豈《やまと》プロジェクトの先頭に立ち、「真実を伝えよう！　日本の未来を共に守ろう」と志高く活動してくれています。

私たちはコロナ禍で、わからないことや疑問に思うことがあれば、素晴らしい先生方にドンドン直接あって、ご指導いただき情報を集めてきました。そのすべては、選択肢を拡げるために、とても役に立つ価値ある情報でした。


最近、八〇代の女性たちの世間話で「ねぇ、この頃おかしくない？　私たちは戦中戦後を知っているから、わかるんだけど、何だか息苦しいわね……。どこか決まった方向へ押しやられているような……」という会話を聴きました。

息苦しい世界から、呼吸がすがすがしい世界へ少しでも近づけるよう、ヒーローズクラブは「みんなが希望を持ち、元気になるならできることは何でもしよう」と、八和華のゆりを大切なあなたへお届けしたり、素晴らしい先生方の講演から情報をおすそ分けしたり、小学校などで寺子屋の教育や、太鼓演奏会など活動しています。


私たち商人は、お客様のおかげさまで、長きにわたって商売繁盛させていただいてきました。たくさんの皆様に支えられた結果です。

古来から日本のように災害の多い国では、困ったことがある毎に商人が立ち上がり、自分たちができることを、精一杯させていただいてきました。

困った時こそ、いつもお世話になっている皆様にお役立ちできるチャンスなのです。


なぜヒーローズクラブは、このような活動を積極的に行うのでしょうか？


新時代では、お金というものの本質が変わってきています。

昔は、リーダーにお金が集まり所有してきました。しかしなぜか、現代では個人主義的な考え方では上手くいかなくなるのです。

今は、善き仲間で世の中に必要なコミュニティを創造し、仲間と共に発展させることで、お金も含めたより大きなエネルギー循環がおこるのです。

この新しい時代へ対応する考え方にシフトできたコミュニティは、なぜかタイミングよく全てのことが波に乗るように上手く動きはじめます。

時代は大きく変わりました。

私たち経営者は、もし上手く行かなくなった時こそ、根本的に考え方を見直さなければならないかもしれない。

個人から仲間へ、垣根を超えて善き仲間と価値を共有し、日本に役立ち、貢献しようと思う「徳のあるエネルギー」は、大きく循環していきます。

ヒーローズクラブは、日本を元気にするプロジェクトを運営する、志の高い挑戦する経営者たちのコミュニティです。

今までの古い考え方から新しい時代の考え方へ、経営者も幹部もチームも試行錯誤しながら挑戦していきます。

そんな時代に呼応するリーダーの挑戦の物語が、少しでもお役に立てましたら幸いです。

経営という冒険を楽しみましょう。

皆様とお逢いできる奇蹟を楽しみにしています。

「HERO'S CLUB」主宰
株式会社ワールドユーアカデミー　代表取締役　仲村恵子

経営という冒険を楽しもう　3
コロナ禍に立ち上がった経営者たち

目次

はじめに　1

第1話　株式会社ヴァリアント
「社長の決定は絶対だ、何としてもやり遂げろ！」
超ワンマン社長が、心から恐れていたものとは？

序　章　17

第1章　社長 和田博。史上初のアマチュアゴルフ日本タイトル三冠達成　20
二〇一七年、宣言通りに日本シニア選手権優勝　20
ゴルフをやりたかった訳じゃない、社長にもなりたかった訳じゃない　24
和田を動かすものとは？　28
原因不明の体調不良が和田を襲う　30
一体なぜ？　社員がどんどん辞めて行く　33

第2章　部長 矢部明。栃木まで来てくれた、社長の思いに応えたい！　36
人として扱われない企業を退職、ヴァリアントへ　36
職場と業界の変化の中、会社のために数字を上げる　39

第3章　社長 和田博。人間ドックの日、嘘のような体験　47
なぜ、店舗の人間は誰も気付かないのか？　47
鎮静剤を打つと良くなる体調　48
夕暮れの会議室での出来事　50

第4章　部長 矢部明。戸惑い、葛藤。それぞれの心が離れていく　53
幹部が長続きしない理由　53

第5章　社長 和田博。自分の現実を映し出した、屋久島の大自然　58
薄々と感じていたもの　58
この時代だからこその勉強会と、手首の腫れ　60
同じ物事でも、違って見える人がいるという衝撃　64

仲村恵子の所見　67
心の中に押し込めて忘れ去っていた、もう一人の自分　71
後ろを振り返ると、誰もついて来ていない　78
心の悲鳴が、体の異変を引き起こしていた　84
今度はこの手で、周りの人を引き上げよう　85

第6章　部長 矢部明。気分は落ち込んだまま、屋久島へ　87

もう辞めよう。ただ、微かな期待もある自分　87
前向きな気持ちになることはなかったと、正直に打ち明ける　89
これ以上は、きっと役には立てない、意味がない　93
本音の話と、全く予想してなかった展開　97

第7章　社長 和田博。物語の結末。見えかけた希望の光は……？　102

話をしないと、分からないことはたくさんある　102
「楽しく協力し合ってください」という指示で経営がうまくいく　103

第8章　全てを飲み込む嵐の先に……　108

青天の霹靂　108

盛者必衰。目の前に広がる景色と、心の内側からあふれたもの　112

エピローグ　122

第2話　株式会社ダスキン福山
会社の舵を切るのは誰なのか？
心からの感謝、すれ違い、そして覚悟を決めた社長の成長物語

序　章　129

第1章　絶望の幕開け。新型コロナより恐い病巣は社内にあった　133
私の独りよがりだった……、全てスタート地点に戻ってしまった瞬間　133
コロナ禍で、再び……、孤独　136

第2章　人との関係。理解したい、理解されたい、理解できない毎日　139
膨大な報告書の向こう側、隠れていた感情　139
《飲食事業部　部長 工藤》――工藤が大切にしたいもの　147

第3章　変化を起こしたいのに、空回りの原因が分からない　153
愛していても、理解できないことがある　153
自分が落ち着ける居場所は、どこにあるのか？　156
短冊に書かれた、息子の願いごと　160
藁をもすがる思い。だから、愛する妻と歯車が噛み合わなかったのか！　162

第4章　それぞれの思いが伝わる。これから大きく動き出そう！　169
自分でも分かっていなかった、現実をつくり出しているもの　169
突然の山登り。そして、号泣したありきたりな言葉　176
長年耐えてきた、その思いとは？　181
そんなの、当たり前。でも、違っていたと気付かされた屋久島の夜　183

第5章　カナダの研修で突き付けられた問い。どの方角に進むのか？　186
「社員は大切な家族だ。頼むぞ」という言葉　186
仕事のやりがいは、一体何なのだろうか？　189
大自然、ガイドの後ろ姿。そして、ダスキン福山の仲間たち　190

僕たちは、あの山に登るんだ。君たちは、どこへ行く？　195
自分が生きてきた証　198

第6章　コロナ禍が浮き彫りにしたもの。新たな物語がはじまる……　202

本当の原因は、何だったのか？　203
二〇二〇年の締めくくり。これから目指すものとは？　211
仲村恵子の決断と奔走、そして日本のために……。　215
愛と光の感謝祭　218
髙橋良太の挑戦　225

エピローグ　232

おわりに　237

第1話　株式会社ヴァリアント

「社長の決定は絶対だ、何としてもやり遂げろ！」

超ワンマン社長が、心から恐れていたものとは？

序章

第1話　株式会社ヴァリアント

東京の八王子市に本社を構える株式会社ヴァリアント。その歴史は、昭和二十九年（一九五四年）、菓子問屋として和田商事有限会社が設立されたところから始まった。現在の社名の「ヴァリアント」には「勇敢な」という意味が込められている。

時代の流れに合わせて、家具や一般家庭用品の販売、リラクゼーション事業やインドアゴルフスクール、食品関連などさまざまな事業を手掛けながら成長し続けてきた会社だ。

「時代の流れに合わせて」と書いたが、少し考えてみていただきたい。

経営において、これまでの方法では時代に合わない、うまくいっていない、このままでは取り残されると認め、新しい方法に変えていくのは、実は思っている以上に難しいことではないだろうか？　間違いなく、大きな勇敢さが必要とされるのだ。

特に、過去に先代が手腕を振るったからこそ会社が急成長し、その経営スタイルを跡取りの社長がそのまま引き継いでいる場合は、その傾向が強い。

表面上はうまくいっているように見えても、実は内部では数多くの問題が起きていて、社員から「社内に問題点があります。うまくいっていません」という声が社長のもとに届いていたとしても、なかなかそれが直視できない。

「いや、業績を上げた先代と同じスタイルを貫いているし、会社の経営は回ってはいるし、問題があると指摘すること自体が問題ではないか」と思ってしまうことが多いのだ。

跡取り社長でなくても、社内に問題があると言われてしまっては、社長である自分が否定されたように思えてしまい、その問題や指摘した社員と正面から向き合うことができなくなってしまう。そのような思いをしている方もきっと多いのではないだろうか。

株式会社ヴァリアントの社長も「自分は間違っていない」という思いを頑なに貫いてきた。

確かに表面的には何も間違っていなかったのだが、実はあらゆる面で「限界だ！」のサインが出ていて、そのことを社長は直視できずに突き進んでしまったのである。

どうやって社長は、自分自身を見つめ直すことができたのか？

ひたすら突き進む社長に会社の幹部が、勇気を持って話をする。そのとき、何が起きたのか？

そして会社の真価が試される時。新型コロナウィルスという試練に、どう立ち向かって、そこから何を得たのか？

今では社長も、社員も、会社も全て生まれ変わったようだ、と言われる株式会社ヴァリアント。これからお届けするのは、その生まれ変わりの物語である。

第1話　株式会社ヴァリアント

第1章　社長 和田博。史上初のアマチュアゴルフ日本タイトル三冠達成

二〇一七年、宣言通りに日本シニア選手権優勝

【完全無欠】

【天下無双】

日本シニアゴルフ選手権、決勝の日。

もし和田のプレーの様子を例えるとしたら、このような四字熟語が相応しいだろう。

当日を迎える前から、和田はこの選手権で必ず優勝できると確信していたし、周りからも、「どう考えても、和田が優勝する」と言われていたのだ。

第１話　株式会社ヴァリアント

「久しぶりにお会いできるのを楽しみにしていました。この度は三冠達成、本当におめでとうございます！」

和田は祝勝会の会場で、そう話しかけられて振り返った。

場所は都内の高級有名ホテル。これから四〇〇名もの参加者と共に盛大なパーティーが開かれようとしているところだ。ワンフロアを貸し切った広い会場、高い天井には煌めくシャンデリアの光。ステージには金屏風があり、「和田博　アマチュアゴルフ三冠達成祝勝会」と掲げられている。

和田に話しかけてきたのは、アマチュア時代に一緒に肩を並べてプレーした、あの「プロゴルファー」だ。彼も駆けつけてくれたのだ、と思うと誇らしい気持ちでいっぱいになり、和田の顔も思わずほころんだ。

「こちらこそ、お忙しい中ありがとうございます」

「余裕の勝利でしたね。しかもこれで三冠じゃないですか！　本当に本当に、おめでとうございます」

和田は既に、一九九六年には日本ミッドアマのタイトルを、二〇〇〇年には日本アマのタイトルを獲得していた。そして日本シニアに優勝した瞬間、「史上初」のアマチュアゴルフ日本タイトル三冠も同時に達成することになったのだ。

そして、この祝賀会には先だってサプライズの電話があった。なんと元総理大臣が乾杯の御発声をしてくれるというのだ。

金屏風のステージに彼が登場すると、会場は騒然となった。

「えっ、本当に？」

「うわ……、本物だ。和田さん、すごい！　さすが」

驚きの声が会場のあちこちで上がる中、スピーチが始まり、乾杯へと進んで行く。

「それでは、皆様もご一緒に、ご唱和お願いします。和田さん、史上初の、アマチュアゴルフ日本タイトル三冠達成。本当におめでとうございます。乾杯」

「乾杯」

会場に並べられた、全てのタイトルで優勝を達成したことを証明する三つのカップ。

そのカップとともに、和田は多くの著名人と記念撮影も行った。目標通りに優勝を果たした祝勝会は、とにかく華やかな時間だった。

誰も成し遂げたことのない三冠を達成した和田に、その強さの秘訣を誰もが前のめりになって知りたがった。祝勝会の最中にも、もちろん幾度となく聞かれ、中には「あまりに強いので、何かマジックでもあるのかと思ってしまいますよ」と言う人もいた。

その度に和田は、このように答えていた。

「勝負事に、運や奇跡はありません。優勝するためには、極論すればモチベーションさえ要りません。秘訣があるとすれば、それは【ロジック】です。私はロジカルにやることを、誰よりも徹底的に貫き通してきました」

そう、理路整然とやるべきことをやるだけなのだ。

日々のトレーニングも、優勝するためにやるべきことを把握して、あとは愚直にやるだけなのである。試合の日も、ロジカルに考えて、そのときに最も確実な選択肢を選び、あとはやり続けるだけ。それができれば、優勝できる。

勝負どころやピンチのときこそ、自分のやるべきこととしっかり向き合うことが重要だ。周りのことには一切振り回されず神経を研ぎ澄まし、自分自身に完全に集中するからこそ、今は何をするのが最善の道であるのか、自ずとロジカルな答えが見つかってくる。

逆に、ロジカルに考えることができない人の方が、和田は不思議でならなかった。

論理的に導き出された正しい答えに従っていれば、それで良いのだ。勝負の世界であれば何であっても絶対負けることはない、完璧な必勝法だ。和田が三冠を成し遂げたことが、何よりもの証だと言えるだろう。

史上初のアマチュアゴルフ日本タイトル三冠達成

ただ、この考え方が、後に会社経営で大きな影を落とすことになろうとは、このとき和田は全く知る由もなかったのである。

ゴルフをやりたかった訳じゃない、社長にもなりたかった訳じゃない

和田がゴルフを始めたのは十二歳のときのことで、父の存在があったからだった。「ゴルフがやりたい」と父に言った訳ではない。本人の意思を聞く前に、父がゴルフをやることを決めていたのだ。

父からの「お前には社会勉強が必要だから、今からゴルフをやっておけ」という言葉が全ての始まりだった。子どもの頃の和田は父のその言葉に、

「いつもは怖いけれど、ゴルフは優しく教えてくれて一緒に楽しくやれるかもしれない」と期待して嬉しく思う気持ちもあったのだ。うっかり「うん」と言ってしまったばかりに、教育の一環ということでゴルフを始めることになったのだが、父の思惑は「根性を植え付けるため、大人の世界を教えるため」というもの。そこに待っていたのは、父からの厳しいスパルタ教育であった。

社長である父は、家庭内でも絶対的な存在だった。そして和田は幼い頃から「お前が会社を継ぐんだから」とも言われ続けて育ったのだ。

そして父に怒られないように、何かまずいことが起きたときには見つからないように、和田は怯えながら過ごしてきた。

「博。ちょっと来い」

「……はい」

呼ばれて恐る恐る父のところに行くとこう言われた。

「お前はもっと勉強しろ。毎日ノートに、習った漢字を書いて行くんだ。一つの漢字で、一ページが全部埋まるまで、何度も繰り返して書くように」

「えっ？」

突然のことに戸惑うが、その様子を見た父は、念を押すように言葉を続ける。

「やれと言ったらやるんだよ」

「……」

「お前はいずれ社長になって会社を継ぐんだから、勉強ぐらい他のどんな子よりもできなきゃダメだろ。漢字も書けなきゃダメだろ。だからやるんだ。いいな？　文句は言うな」

「……はい」

とにかく、一事が万事、このような感じであった。

仮に目の前のものが白く見えたとしても、「俺が黒だ、と言ったらお前も黒と答えるんだ」と言うような父なのだ。和田は常に緊張していて、父が帰って来る時間にはよく布団をかぶって寝たフリをして、できるだけ顔を合わせなくてすむようにしてやり過ごしていた。

昔も今も、多くの子どもは将来の自分の夢を思い描きながら、ドキドキワクワクしながら、成長していくものなのだろう。だが和田には、父から言われた通りに、ゴルフをして将来は社長になる道しかないと思っていたし、自分が何をしたいか、どう生きたいかなど考えることすらできず少年時代を過ごしていた。

会社には二十二歳のときに入社するのだが、そのときにすぐ常務になり、いきなり重要な仕事を任せられることとなる。何も分からないまま、社長である父と他の社員との板挟みとなった。「背中を見て覚えろ」という時代で、何をどうすれば良いか誰かが教えてくれる訳でもなく、自分一人で考え、もがきながら、手探りで切り拓いていくしかなかった。

そして会社創立五十周年の節目の年に、和田は父の後を継いで新社長となる。

社長業の教科書などない。父も何も教えてくれない。仕事に忙殺される和田は、社長としてこれからどうしていきたいのか、自分の気持ちに目を向ける余裕すらなかった。責任だけが肩に重くのしかかって来た。

結果、どうなったのか？

社長である父の姿ばかり見てきた和田は、昭和式のトップダウンの経営スタイルしか分からない。気付けば父と同じように、周りの誰の手に負えないほどの超ワンマン社長になっていった。とにかく「社長の決定は絶対だから間違っていてもいいから実行しろ！」と言いきる和田の姿がそこにはあった。

父がそうであったように、和田は社員に非常に高い要求を押し付けた。なぜこれくらいのことができないのか、この程度で弱音など吐くなと、強固な態度で接し続けてきたのである。

和田を動かすものとは？

経営も、ゴルフと同じ勝負の世界である。和田は経営の場でも、ゴルフで三度日本一になるために培った「ロジカルに考えて、行動する」「自分自身のことに完全に集中して、何をすべきか適確に見極める」ことをそのまま継続していた。

何かをやりたい、という「感情」で和田は動くことはなく、「ロジック」をもとに自分の行動を決めていた。周りもそうするのが当たり前だと思っていたし、ロジック通りに動かない人のことを相変わらず理解することができない。

幼い頃は、父を怒らせないようにする、父に言われた通りにすることが、ある意味和田の原動力となっていたのだ。それがゴルフを始め、大人になってからは和田の原動力は「ロジック」という言葉に集約されたのである。

少年期・ゴルフを始めたころの写真

和田が仕事で社員に求めていたことも、本質的にはゴルフと同じだった。ホールインワンを狙っていけ、というような無理難題は要求していない。そんなことにギャンブルのように賭けるのではなく、「そのときそのときでもっとも確率の高い最善の方法を見つけ、確実に、着々とやっていけば良いだけではないか、そうすれば勝てるのだから」、というのが和田の考えだ。

例えばゴルフでは、ミスして林の中にボールが入ってしまったときも、グリーンを狙いたい、という感情は抑えねばならないのだ。そして勝つためには、的確に状況を判断することも欠かせない。

仕事も同じで、多くの場合、今の状況の中で自分ができることは何かを見誤ってしまい、希望的観測でなんとなくの行動に出るので、失敗に終わってしまう。

きちんと現状を捉えた上で、最善だと判断したことをやっていくことが重要なのだ。確率的なことを頭に入れ、ロジカルに考えながら確実な方法を見極め、その通りにやれば良いだけ。それなのに、仕事では、理解に苦しむことは次から次へと起きていくのだ。

梅雨の季節、雨が止んだかと思いきや、また今にも降り出しそうな、はっきりしない空模様のある日。ある店舗の店長に和田は話しかけた。

「今月、これじゃ利益の目標、絶対に達成できないけど把握してんの？」

「ええっと、それは……」

店長からはしどろもどろの答えしか返ってこない。彼の額に冷や汗が流れる。子どもの頃の和田が、父に呼ばれたときに、そうであったように……。

だが店長である以上は、しっかりやってもらわねば困る。ここで、できる、できないという希望や、やれる、やれないという予測を持ち出されては経営が回らない。店内にもどこか薄雲がかかっているような雰囲気の中で、和田はその店長に「当初の計画で決めたことを、確実にやるように」と詰め寄っていった。

達成不可能なことを押し付けている訳ではない、ロジック通りに動いてくれれば、それでうまくいく。なぜこんな簡単なことも、分かってくれないのか……。

和田は理解することができなかった。

原因不明の体調不良が和田を襲う

社員たちはなぜ、自分の思っているように動いてくれないのか。

日々苛立ちを募らせる中で、会社は三億円もの赤字を出したこともあった。

決算書にいくつも並んでいるのは、赤字であることを示す「▲」マーク。社長である以上はこの決算書に向き合わねばならない。

社員が誰もいない、真夜中の暗い社内。一人残って決算書をじっくり見ていると、「▲」の数だけ、和田は自分の経営者としての能力が否定されているような気がしてきた。

赤字の理由は、ライバル企業への対策費だった。想定していたことであり、今後の会社のことを考えると必要な投資ではあったのだが、だからと言って赤字が良い気分になれるものでもない。


そんな頃、和田に体調の変化が起きたのだ。

首が痛い、肩が痛い、ということからはじまり、そのうちに肘も痛むように。

毎朝目が覚めると、耐え難い痛みとの戦いだ。

(痛ててててて……。経営が大変なときに限って、どうしてこんなことに。何なんだ、これは。だけどまあ、社員たちに弱みを見せるわけにもいかないし、だましだましやっていけば、そのうち治るだろ……)

きっと四十肩だろう、と思って自分の体の痛みを見過ごそうとしたのだが、さらには手首も腫れていく。明らかに四十肩とは違う症状だ。ゴルフをしたからというものでもないし、どこかを痛めた訳でもない。

朝起きると、指が一・五倍くらいに腫れ上がっていたときには、さすがに心配になって病院へ足を運んだ。全身の検査をしてもらった後、和田は医師から確認を受ける。

「痛むのは、最初は首からで、あちこちが痛むようになって、手も異様なほどに腫れ上がってきた、ということですよね……」

「はい。そうなんですが。先生、この痛みは、一体何なのでしょうか？」

医師は目の前で、和田に説明を続けた。

「それがですね……。よく分からないんですよ」

「よく分からない？」

「念のため、リウマチや、循環器系の検査もしましたけど、そちらの異常も見られませんでした」

「そうですか……」

「おそらく命に別状はないと思うのですが、原因不明なので、はっきりとしたことは言えないのですよ」

心配だから病院に来たのに、検査結果で原因不明とは、どういうことなのか？　ただ、経営者である以上、そのような心配も自分の中に押し込まねばならない。

どんなに体が痛くても、和田には治るまで休んでみるという選択肢はなかったのだ。経営者とはそういうものだと考え、検査のために半年に一度、半日の休みをとる以外は、和田は頭の中で経営のことを常に考え続けていた。

一体なぜ？　社員がどんどん辞めて行く

会社では、社員がどんどん辞めていて和田は頭を抱えていた。ある程度の役職に就いている社員や、優秀な人材には、それに見合った報酬をきちんと支払っていたのだが、まるで逃げるかのようにして、辞めていってしまうのだ。

ある日の営業会議でのことだった。

「ちょっと、A店の店長、来ないじゃないか。何か聞いてる人は？」

和田は社員たちにそう聞いてみたのだが、事情を知る者はいない。

「あいつ、前の店長が辞めて自分が店長になってから、相当なプレッシャーがかかっているのかもしれませんね」

ピリピリした雰囲気の中、幹部の一人がぼそっとそんなことをつぶやく。

「そうか？　A店に視察に行ったときは、いつもニコニコしているし、全然そんな気はしなかったけどなぁ」

あんなにニコニコしていた店長なのに、よりにもよって、大事な会議の日に来ないとは。和田の語気が強くなる。

「電話もかけてるんだよな？」

「はい。何度もかけているのですが、出なくって」

新しい店長に任命したとは言え、和田は彼に過度の期待をしている訳でもなかった。業務も求める数字も必要以上に重荷になっていないはず。会議の日に逃げることもあるまいし……。様子を見るために一人、社員を店長のマンションに向かわせて、和田はいったん会議を始めることにした。

しかし、その後。

マンションに行った社員は、店長を連れて来ることなく戻ってきて報告する。

「ちょっと……。連れて来られるような状態になくて、すみません」

「どうした、マンションにはいたんだろ？」

和田の問いに、どうやって話そうか、頭の整理も心の整理もできていない様子で、言葉を選びながら彼は話し始めた。

「それが、もう、心ここにあらずって感じでした。自分がどういう状況なのか全く理解できてないみたいで」

「どういうことだ？」

「本当はずっと、精神的に参っていたんだと思います。ぼーっとしたような感じで、話をしようにも、会話もままならない状況でした……」

Ａ店の店長はその後、両親に付き添われて実家に帰ることになった。

どうして、こんなことになってしまうのか。

達成不可能な目標を押し付けているわけではない。徹底的にロジカルに考えていたし、社員には見合った報酬を支払っていた。

それなのに、社員は働き続けることができず、すぐ辞めてしまう。

そんなとき、ヴァリアントが非常にお世話になっている方から、「同業他社で成果を出したある人物が、転職を考えているそうなので紹介しましょうか」、という話があった。幹部が全く育っていないヴァリアントにとって、幹部候補は願ってもない人材であった。

第2章 部長 矢部明。栃木まで来てくれた、社長の思いに応えたい！

人として扱われない企業を退職、ヴァリアントへ

「矢部さん、休憩取ってないんじゃないですか？　今日も忙しいけど、せめてお昼ご飯だけでも食べて行かれたらどうですか？　顔色も良くないですし……」

取引先のスタッフが、矢部を気遣ってそう話しかけた。

「あ、いえ、大丈夫ですから」

実際は昼ご飯を落ち着いて食べる時間もないため、ポケットに入れておいたパンやおにぎりを、毎日のように移動中の短い時間に胃袋に無理して詰め込んでいた。自分の会社のスタッフも、こんなに優しい人たちだったら、どれだけ良かったことだろう……。心の中ではそう

思いながら、作り笑顔で矢部は返事をしていた。

矢部は栃木のパチンコ店に勤務していた。睡眠時間は一日平均三時間。勤務中の休憩時間もなければ、休みの日もない。とにかく働くだけ働く毎日の繰り返し。一睡もできないまま仕事に向かう日もあり、自分は人として扱われていないと感じてしまう日々。

それでも矢部は、ここで結果を出さなければ、次に繋がるものが何もない、と決意して必死になり、心身ともにボロボロになりながらも、業績を上げることができた。一年間、耐えに耐えて、苦しみながらも店舗で結果を出し、さらにその状態を安定させるところまで持ってきたのだ。

ここまでできればもう、矢部に思い残すことはないし、気持ちの整理もできた。

もう、この会社は退職しよう。次はもっと、人間らしい毎日を送れる会社に就職しよう。仕事でボロボロになるような思いは、もうしたくない。矢部はそう思っていた。

あの、人生を変える電話がかかってきたのは、ちょうどそんなタイミングだった。

「実は、私の知り合いで、どうしても会社に幹部候補が欲しい、とおっしゃる社長がいるんです。矢部さん、責任感が強い方ですし、仕事もできる方ですし、もし良かったら、社長のお話を一度聞いてみてはどうかと思うのですが」

知人からだった。

「そうですか……。業種は何でしょうか」

「同業ですよ、パチンコ店です。勤務地は東京です」

同業か……。そして、東京か。いろんな考えが頭の中を巡っていく。

また、パチンコ店となると、決して楽な仕事ではないことは容易に予想できた。ただ、これまでどんなにハードな状況でも乗り越えてきたので、ある程度であれば、耐えられる自信は矢部にはあった。パチンコ店が嫌な訳ではないのだが、次の職場は、せめて人として尊重されるところであって欲しい、というのが率直な思いだったのだ。

さらに、知人いわく、相手の社長は、もし幹部候補として入社を考えているのであれば、栃木まで来てぜひ会ってみたい、と話をしているというのだ。

わざわざ、自分と会うために、貴重な時間を割いてでも栃木まで！

そのときに矢部は思ったのだ。きっと社長は、一人一人をとても大事にしている方なのだろう、と。

数日後矢部は、栃木のカフェで待ち合わせをして、社長と面談することになる。

「はじめまして。ヴァリアントの代表取締役の和田と申します」

和田が、挨拶と同時に頭を下げた。

「あっ、どうもはじめまして。ご紹介いただいた矢部と申します。宜しくお願いいたします」

矢部も慌てて和田に挨拶をした。その後の話で、和田は日本アマチュアゴルフでタイトルを獲った人物だと聞き矢部は納得した。なるほど初対面から、礼儀正しいわけだ。カフェでは会社の詳しい話も聞いた。何より「人として尊重してくれている」と感じられたことが矢部にとって大きな決め手となった。

矢部はヴァリアントに入社を決意することになる。和田の熱意と誠意に応えたい、心機一転この会社で頑張ろう、と当時の矢部は希望で満ちあふれていた。

入社後、あまりの会社のギャップを見せつけられるとも知らずに……。

職場と業界の変化の中、会社のために数字を上げる

転職したのは同じパチンコ業界なので、前職で一度きちんと業績を上げたという成功体験

が矢部の自信にもなっていた。社長の思いに応えよう、と思った矢部は、まずは配属された店舗で数字を上げようと、できることから着手していった。

まずは土日にチラシによる集客を行うことにした。前の職場ではこのやり方で売上を上げることができたので、きっとこの店舗でも効果があるだろうと思ってのことだった。

そして、土曜日の朝。気持ちの良い青空が広がっている。

室内で楽しむパチンコは、雨の日の方が来客が多いのが一般的だ。チラシを打ったときに限って、これはタイミングを外してしまったかと不安に思っていたのだが、そんな心配は無用だった。

オープン前に外の様子を見に行った若いスタッフたちが、この日の青空に負けないくらいの晴れやかな笑顔で、矢部に報告してきた。

「矢部店長、早速すごいですね！　いつもにはない行列が、オープン前からできていますよ。チラシって、こんなに効果があるんですね。よーし、今日は気合い入れて、頑張ります」

その声を聞いて、矢部も思わず、ガッツポーズと笑顔をスタッフに返す。

オープン後も、客足は途絶えることはない。売上も絶好調。

翌日の日曜日も同様に、忙しい一日となった、非常に充実感のある忙しさだ。

あれよあれよという間に時間は過ぎ、閉店を迎えた。無事に終わったことに矢部はほっと胸を撫で下ろしていた。

矢部は店内を見渡してみた。当然そこには客は居らず、台がズラリと並んでいるだけなのだが、先ほどまでの熱気はまだ残っていて、今後もずっとこの店を包み込んで人々を熱狂させていくようにも感じられていた。

チラシに経費がかかっていると言っても、それ以上に売上が伸びているので、きちんと利益も出せていた。これでまずは一歩、和田の期待に応えることができた、と思って矢部はさらにやる気になっていた。


だが、店舗を巡回して来た和田の反応は、矢部の予想とは違うものだったのだ。

「この土日、客数が増えてるな」

「はい、チラシで集客をしたので！」

「チラシで、か……。費用はいくらかかったの？」

「あ、ええっと、ちょっとお待ちください。書類を見ながら、きちんとした数字をお伝えしますね」

店舗の中にある会議室で、和田と二人だけになり、書類を前に話をする。

矢部は、喜んでくれるものだと思っていた。それなのに和田は目の前で、あまりにも淡々とした様子で、じっと書類を見ている。そして、独り言のようにこう言ったのだ。

「わざわざ、こんな経費かかること、しなくてもいいじゃないか……」

書類に眼を落としたまま、小さなつぶやきだったのだが、矢部にとっては地面がすっと消えるような感覚だった。

（あれ？　何か悪いことしたっけな？　お客様は増えてるし、ちゃんと利益も出てるし、それだけじゃなくスタッフも喜んでくれてるのになぁ……）

そうは思ったのだが、さっさと会議室を出て行く和田の後ろ姿に、矢部はそれ以上の自己主張をすることはやめておくことにした。労いの言葉を心のどこかで期待していた矢部は、ひとりポツンと部屋に残されてしまう。

和田に出したコーヒーからは、まだ熱い湯気が立ち上っていた。

その後も、どこか完全燃焼しきれていないような、自分の頑張りが認められていないような、しっくりしない居心地の悪さを矢部は幾度も感じることになる。

チラシでの集客の件がうやむやになってしまった後には、矢部はまた別の集客方法を模索していた。スタッフも様々な意見を出すようになり、その中で実行した一つが、「ハンバーガーを買って無料で配る」というものだ。

　きっかけは、

「矢部店長、お客様はお昼になると席を離れてご飯を食べに行くけれども、それがもったいないと思うんです。こちらで用意することってできないでしょうか？」という声だった。気配り上手で笑顔も素敵で、カフェスタッフをしている女性だ。常連のお客様のドリンクの好みも把握していて、誰よりもよくお客様を観察しているからこそ、思うことがあったに違いない。

「お客様を見ていると、あ、あの人はご飯食べに外に出たんだろうな、でも、手元に食事があったら、席を離れることもなかったのかも、と思うことがよくあるんですよ。そういう人に、お昼ご飯をお届けできたら、離席の時間もなくなるし、満足度も上がって、またウチのお店に来るお客さんも増えると思うんです」

「なるほど、それはいいアイデアだ！　と、なると、そこで何を配るか、だよなぁ……」

「ハンバーガーじゃないですか！　楽しんでる最中に食べるのにはちょうどいいと思います」

　そう返事をする彼女の顔はキラキラと輝いている。あ、この子は本当に、接客が好きなんだな、仕事が好きなんだなと矢部は思った。スタッフのこういう顔が見られると、矢部も嬉しくなる。

「実は、ウチの店舗がもっと地域の人に受け入れられるために、何か地域に貢献できることはないかなと思ってたんだよね。そう思って街を見てると、いろんなことに気付くんだけど、どうも売上が低迷していそうなハンバーガーショップがあったんだよ。そこで買えば貢献にもなるし、うまくいけば、その買ったハンバーガーを無料で配っても、それ以上に利益の方が上回ると思う。やってみようか！」

スタッフの笑顔が咲いた。

そうなると、ある程度まとまった数量をハンバーガーショップに買いに行かねばならない。きちんと挨拶をして予約を入れておいた方が良いだろう。矢部は早速、ショップに立ち寄った。近くのパチンコ店の店長であることを名乗り、事の経緯を説明した。店員が快く対応してくれる。

「では、当日お待ちしております！　ありがとうございます」

こう言われると、元気が出てくるものだ。やっぱり、誰かに喜んでもらうために仕事ができるって、素晴らしいことじゃないか。うちの店舗も、これからスタッフと一緒に、誰かに喜んでもらうためのことをどんどんやっていこう。そう思えて矢部は俄然やる気になっていた。

そして、予想は見事に的中。一日に数十個のハンバーガーでは、とてもじゃないが足りなくなっていた。

ときに二〇〇～三〇〇個のハンバーガーを配る日もあり、さらにはハンバーガー以外のものも近所で購入し配るようになって、大規模なイベントになったのだ。

「この店はサービスがいい」「スタッフの対応が素晴らしい」と話す人が増え、お客様の評価もどんどん上がっていく。そうなると、今度はスタッフのやる気もますます上がっていく。どこからともなく噂が噂を呼んで、遠方からのお客様も増え、これまで以上に人気の店舗になっていった。

ただ単に、サービスで配っているだけではなく、経営面でも成果は現れる。客数も、売上も、利益も、全てが右肩上がり。こうして結果が出せたことに、矢部はスタッフと一緒に喜んでいた。

しかし、そうであるにも関わらず、今回もまた、和田はこの「ハンバーガー大作戦」をあまり気に留めていない様子なのだ。

経費をつかってわざわざそんなことをしなくても良いのに、言われた通りのことをやってくれさえすれば良いのに、とでもいうところなのだろうか……。

一人のスタッフが、ある日ポツリと矢部に話をした。

「矢部店長。さっき、巡回に来た社長に会ったんです。目の前にちょうど届いたハンバーガーを置いてあったので、ここのハンバーガー美味しいんですよって話しかけてみたんですけど、『ハンバーガー、か……』とだけ言って立ち去って行っちゃいました。私、何か悪いこと言ったでしょうか？」

「えっ……。いや、きっと、そんなことないよ。大丈夫。気にしないでいいから」

矢部は慌てて彼女に言ったのだが、そんな和田の様子に、彼女以上に矢部の方が心配になっていた。

和田の思いに応えたい、そのために結果を出したいと思っていた矢部なのだが、何をやってもなぜか認めてもらえない状況に、矢部は早くも自分の存在意義がゆらぎ始めていた。

第3章　社長 和田博。人間ドックの日、嘘のような体験

なぜ、店舗の人間は誰も気付かないのか？

和田が店舗に巡回に行くと、これから配ろうとしている大量のハンバーガーがそこにはあった。和田に気付いたスタッフの一人が、和田ににこやかな笑顔で話しかける。

「社長、ここのハンバーガー美味しくて、お客さまにも喜んでいただけているんですよ」

和田はハンバーガーを見ながらこう思った。

いや、経営のことがよく分かっていないから、店の全員が安易に顧客満足の方に走ってしまっているではないか……。

パチンコ店では、売上が上がっているからと言って、いつまでも利益が出せるとは限らな

いのだ。このままだと、後で気付いて軌道修正をしようと試みても、経費が圧迫していて手遅れだった、ということも起こり得る。

確かに、今は短期的に顧客満足度と同時に売上とともに利益も伸ばせているのかもしれないが、そのやり方がいつまで通用するかは分からないのだ。客はいつも飽きやすい。そして目先のサービスで引き寄せた客は、さらにもっとサービスを求めてくる。経費でハンバーガーを買って利益を上げるというような敢えてリスクを抱える手段は、簡単にとってはならないのだ。チラシの件も同じである。

経営的には、命綱なしで綱渡りをしているようなものだと和田は危惧していた。一歩間違えば、あっと言う間に落ちていく。店舗のことを数字と論理的な目線で見ていれば、未来を楽観視できない、とすぐ分かるはずなのだ。悠長にしてはいられない。

鎮静剤を打つと良くなる体調

和田の原因不明の手首の腫れは相変わらず続いていた。薬を飲んでも治らない。

しかし、不思議なことが起こった。半年に一度の人間ドックの日のこと。鎮静剤を使って検査が終わり、ベッドの上で目覚めると、体がいつもと違うのだ。

「あ、和田さん、起きましたね。検査、お疲れ様でした」

看護師に話しかけられ、上体を起こしベッドの上に座ってみたのだが、いつもと違う。何気なく手首を見て、和田はっと気付いた。

「手首の腫れが引いてる。そして首や肩も、全く痛くない！　すごい」

腕をぐるっと回してみても、痛みを感じることもない。和田は看護師に聞いてみた。

「あの、人間ドックで、何か特別なことってされましたか？」

「手首に注射を打ってみたとか、新しい治療法を試してみたとかは？」

「いえいえ、人間ドックは、あくまでも検査ですから」

「他の方と同じように検査をしましたよ」

「妙に、体全体も軽いのです」

「うーん、治療にあたるものは全くしていませんよ。ただ、普段お忙しくて、そのせいで体が硬直されていたのかもしれませんね」

「気分もとてもスッキリしています。本当に何もしてはいないのでしょうか？」

「はい、人間ドックの検査以外には」

人間ドックってなんて良いものなんだ、と和田は思ったのだが、この状態は長続きはせず、数日で元に戻ってしまった。

だが、半年の一度の人間ドックの日には、必ず手首の腫れや痛みから解放される。それだけではなく全身の調子がとても良くなるのだ。不思議なことだと思ったが、因果関係は分からない。いつしか和田は半年に一度の検査の日がとても楽しみになっていた。

原因不明の体の不調、そして半年に一度の人間ドックの日だけは体調が良くなるという繰り返しは、この後数年もの間続いたのだった。

夕暮れの会議室での出来事

常に会社のことを考え、利益が出せるようにと思っていた和田であったが、いつも通り店舗を巡回していたところ、納得のいかない出来事が起きた。

ことの始まりは、矢部にこう話しかけられたことだった。

「社長、あちらの会議室でお話がしたいのですが」

店舗の中の狭い会議室に行くと、もう一人の別の店の幹部もそこにいる。日が沈もうとしている時間帯の出来事で、小さな窓からは夕日が差し込んでいる。机の上にあるのは、何かをまとめた資料のようなもの。

二人とも神妙な表情をしていたが、矢部が話を切り出した。

「……社長、スタッフが何人も、辞めたいと話しています」

「何？　だったら新しい人員を入れないとな」

「いえ、そういうお話がしたいのではなくて、その理由をきちんと聞いていただきたいのです」

「理由？」

話が見えずに疑問に思っている和田の目の前で、矢部は気持ちの整理をするかのように一瞬だけ話を止めて、そしてまた、言葉を続けた。

「辞めたいと話すスタッフの声を、ここにまとめました。……本当はもっとやりがいを持って働きたいのに、スタッフの気持ちを会社が……、つまり社長が考えてくれないから、今のままではこれ以上働こうとは思えない、という声がいくつも挙がっています」

「社長、そうなんです。ウチの店でも、全く同じです」もう一人の幹部も話し始めた。

訳の分からない恐怖心が和田を襲い、思わず視線を逸らす。

決意のこもった言葉が聞こえてきた。

「社長、数字やロジックばかりに目を向けるのではなく、もっと、働いている人の感情や気持ちに、寄り添っていただけないでしょうか」

現場では辞めたいという声が次々に上がっている、それは社長である和田が原因ではないだろうか、二人が伝えたのは、要するにそういう話だったのだ。

あまりのことに、会議室で和田は怒りと共に言葉を失ってしまった。

第4章 部長 矢部明。戸惑い、葛藤。それぞれの心が離れていく

幹部が長続きしない理由

チラシでの集客でも、スタッフが一丸となって取り組んでいたハンバーガー大作戦でも、和田から労いの言葉は何一つなく、さすがに矢部も「思っていた会社とは、何かが大きく違うのでは……」と思い始めていた。

働いているうちに、入社前には分からなかった事情も、やはり徐々に分かってくるものである。

例えば和田を筆頭に行われる営業会議の場で、矢部は驚きを隠せなかった。ピリピリとした空気で、その場にいる社員は皆、怯えた様子で座っているのだ。そして、何かあれば、情

け容赦なく社員に詰め寄っていく和田の姿。人を大事にしてくれる会社だと思って入社したのに、何かがおかしい気がして違和感ばかり覚えてしまう。

他の社員に会社のことを聞いてみようと思っても、詳しいことはあまり話したくない、余計なことを話して和田に見つかって痛い目には遭いたくない、そんな空気さえ感じられてしまうのだ。

そこで、店舗の中でも、経験が長くて事情が分かっていそうな年輩のスタッフを誘って、矢部はサシで飲みにいくことにした。

その日は昼間は晴れていたのに、夕方になって雨が降り出して、夜になると急に寒くなっていた。二人で歩きながら入る店を見つけようとしていたのだが、「もう、早くどこかの店に入りたい」という話になり、特に考えることもなく、たまたま見つかった店の戸を開けることにした。

居酒屋の店内は決して広くはなく、どの設備も年季が入っている。他の客もいなく、少し暗いこともあり、どことなく寂しい雰囲気が漂っていた。

「いらっしゃいませー」

という大きな声が、逆に空回りしているような気がして、ますます寂しい気になってしまった。

気を取り直して二人で一杯目の飲み物を注文。

乾杯からはじまり、運ばれてきたなめろうを突いて食べながら、とりあえずは「毎日お疲れ様です」「今日は雨で大変でしたね」という当たり障りのない話を二人でしていた。

そのうちに年輩スタッフの方から、

「ところで、矢部店長、どうしてヴァリアントに入社しようと思ったんですか?」と、核心に触れる質問があった。

「それが、ですね。人を大事にしてくれそうな会社だと思ったんです」

「えっ? こんなに酷いのに。私はバイトだから、そんなに厳しくはされないですけど、出世した社員さんはみんな地獄を見てますからね」

やはり、思っていた会社とは、違ったのか……。箸の手を止めて、矢部はさらに彼に聞いていった。

「そう、そのあたりのこと、誰かに聞きたいと思って、今日お誘いしたんです。私は以前は、栃木にいて、パチンコ店の店長をやってたんですけど、そこが人を人として扱ってくれないような会社だったんですね。そしたら知人の紹介で、幹部候補としてどうか、って話になったら、社長が栃木まで来てくださったんです」

「あぁ……、確かに。社長、行きそうですもんね」

「わざわざ、そこまでしてくださるんだったら、きっと人を大事にする会社だと思っていたんですが、それが、こう、全然違うように感じる、というか……」

「うちの会社、幹部が全然続いてないんですよ。みんな辞めてしまう。だから幹部候補だと聞いて、わざわざ栃木まで行ったんでしょうね」

「幹部が、続かない？　どういうことですか？」

目の前のスタッフは、ジョッキのビールを飲み干してから、事情を説明し始めた。

「ウチらアルバイトとか、入ったばかりの社員さんならまだいいんです。ただ、出世すればするほど、ヴァリアントは社長の期待と比例するかのように求めるものがどんどん大きくなっていく。何年前かな、もう神様って思えるぐらい仕事できる店長さんがいましたよ。若いのに、現場の仕事もバリバリできるし、マネジメント能力もすごくて、このまま行けば社長と肩を並べて取締役をするくらいまで行くんじゃないかって噂されてました。そしたら、社長に高いハードルをどんどん突きつけられて、できるのが当然みたいに扱われて、それがキツかったみたいですね。結局、その店長も辞めちゃいましたよ」

「そんなことが……」

揚げ出し豆腐を取り分けながら、スタッフの呟くような話は続く。

「でも、矢部店長にも、社長の当たりはどんどん厳しくなっていくのかな……。今、せっかくお店、いい状態なのに。けれど、辞めていった社員さんもたくさん見てきたからこそ思うんですけど、矢部店長も、どうか無理はしないでくださいね。社長、本当に手加減なく、人を追い詰めてしまいますから。その自覚が全くないから、どうしようもないんです」

静かな店内には、窓の向こうの止まない雨の音が鳴り響いていた。

その後も、矢部は「辞めたい」という何人もの声を聞くことになる。さすがに、どうにかせねば、と思うようになっていった。

そこで、一人の幹部社員と一緒に、意を決して現場の声を社長に届けることにしたのだ。

夕暮れの、店舗の中の会議室のことだった。

現場では辞めたがっている人が何人もいて、和田が働く人の気持ちに寄り添ってくれないから辛いという声を伝えたのだ。

それなのに、そのとき和田の顔を見ると……。

矢部は思ったのだ。ああ何も伝わらなかったし、変わることなどないのだろう……。

怒鳴られはしなかったものの、明らかに納得していない様子だったのだ。なぜ、そのようなことを言われねばならないのか。和田の心の声が今にも聞こえてくるようにも感じられた。

第5章 社長 和田博。自分の現実を映し出した、屋久島の大自然

薄々と感じていたもの

夕暮れの会議室で、和田はこれまで体験したことのない、何か大事にしていたものが一気に手の平から遠くに行ってしまうような感覚を覚えながら、長々と続く二人の言い分を聞いていた。

矢部に「社長からも、何かありませんか？」と言われたのだが、そのときはもう、自分で自分の思いをどう言葉にしたら良いのか分からなくなってしまっていた。

思わず、資料を机にバンッ！ と叩きつけると、怒り任せに会議室のドアを開けて、そのままの勢いで和田は店舗を飛び出していく。

外はすっかり暗くなっていた。一人で歩いていると、どこかの家の夕食の匂いがする。親子の楽しそうな話し声も聞こえてきた。

ふと、和田は自分の顔の前に手を広げて、じっと見つめてみた。さっきまでは気付かなかったのだが、痛みが酷い。いつもより手が腫れ上がっているようにも感じられる。

（痛てぇよな……、おい、何なんだよ……）

どうしてもやり切れない思いを抱えて歩いていると、公園に差しかかった。誰もいない真っ暗な空間で、隅の方にある自動販売機の明かりがやけに目立つ。

柄にもなくベンチにでも座って、一人夜空を見上げてみるのも、たまにはいいかと思え、自動販売機に小銭を入れて缶コーヒーを買った。その温もりを感じながら、肩の荷を下ろすかのように公園のベンチに座り、会議室で言われたことをゆっくりと思い出していた。

「スタッフの気持ちにもっと寄り添ってください」という、幹部の言葉。

なぜ、そんなことを言われねばならないのかと逆上してしまったが、冷静になって考えれば、心当たりは当然ある。経営は何とか回ってはいるものの、会社の組織としてうまく行っているかと言われると、グチャグチャだったと認めるしかない。

和田は周りの感情など押し切って、論理的に正しいことを何よりも優先させ貫き通してきたのだが、一方で、幹部や他の社員たちの表情が皆、暗いのも、なんとなく分かってはいた。

そうであったものの、和田は見て見ぬフリをして、自分の主張を押し付けていた。社員が辞めた後から、その社員が辞めて行った理由を、本人から直接ではなく、残っている社員からそれとなく伝えられることもあった。直接言うと、一言ったことが十になって言い返されて叩きのめされるだけ、そう分かっていたから和田には言えなかったに違いない。

これまで何十人もの社員が、和田には心の内を決して明かすことなく辞めて行った。彼らは今、一体どうしているのだろう……。

公園のベンチに座った和田は、星空を見上げて、その中に辞めて行った社員たちの顔を思い出していた。

この時代だからこその勉強会と、手首の腫れ

和田は出口の見えない迷路の中で、ずっと走り続けているように感じていた。ふと気付けばさっき見た道にまた戻っていて、何度も同じところをグルグルと行き来しているだけのような、いつ抜け出せるのか分からない焦りが心の中で大きくなっていく。

知人からある経営者勉強会に誘われたのは、まさにそのような心情のときだったのだ。

経営に何か少しでも役立つことがあれば、それで良いかもしれない。決して積極的とまでは言えない気持ちだったのだが、和田はその経営者勉強会に顔を出すようになった。

ところが、何度か行くうちに、思ってもみなかった意外なところで、変化は出始めたのだ。まず、原因不明と言われた手首の腫れが、少しずつ治まってきたのだ。それでも過度にストレスがかかってくると、また手首は腫れて痛み出す。自分の体のことなのに、全くもって不思議なことだと和田は思っていた。

この経営者勉強会が、和田の心と体に何か良い影響を与え始めていることが、まずはわかった。

その後、勉強会にしばらく通い続けていると、今度は和田に、屋久島に行かないか、と誘いがあった。声をかけてきたのは、この経営者勉強会の代表の仲村恵子さんだ。

「ヒロ……」

ここでは和田は、和田博の博をとって「ヒロ」と呼ばれている。会社でもゴルフでもプライベートでも、「和田さん」としか呼ばれたことはなく最初は気恥ずかしかったのだが、この呼び方がなんだか落ち着く感じで今では気に入っている。

「なに、恵子ちゃん？」

そして和田は、仲村恵子さんを「恵子ちゃん」と呼んでいる。みんなもニックネームで呼び合う。こんな空気がこの集まりのいいところだったりもする。

「ヒロ、ここに来るようになって、どう？　何か変わった？」

いつものように優しい表情と声で話しかけられたのだが、恵子さんは人の本質を見抜いてくるようなところもある人だ。観察する力が並大抵でないのか、取り繕ってもそれを見透かしてしまう彼女を前にすると、和田は正直に話をせざるを得ない。

「そうですね……。コミュニケーションやチームワークの話は、実は、聞いてもよく分からないのです。ただ、不思議なことなのですが、体調が良くなってきました。原因不明で治療法さえ分からなかった腕や手の痛みが、こちらに通い始めて、だんだん治まってきているのです」

「そうか、改善が見られているのは、良いことだね。ところでコミュニケーションの話、どんなところが、よく分からない？」

「……落としどころが分からない、と言えば良いかな。例えば、今月は売上一二〇％アップが目標、と言うような具体的な指標ならわかるのですが、コミュニケーションの話は全てがぼんやりしているように感じますね」

「なるほど、ヒロは数字だったら具体的に分かるのに、人とのコミュニケーションとなると、具体的なことが分からない、ってことかな？」

恵子さんは穏やかに聞いたのだが、その話に、和田は体の中に小さな稲妻が走り抜けていくような衝撃を感じたのだ。

「恵子ちゃん、そう。今言われて気付いたけど、数字や理論で示されたものだったら、具体的に理解できる。けれども、人のこととなると、さっぱり……。捉えどころがなくて、理解できないんです」

話を聞いて、恵子さんは和田をこれまで以上にしっかりと見つめて話を続ける。

「そうか、なるほどね。それは、ヒロがこれまでの人生の中で、人と人とが真に触れ合う実体験をしたことがないからかもしれないね。今度の屋久島の研修では、それが体験できます。チームでの屋久島の登山や、自分自身を見つめる内省内観を行うからね。参加したらいいと思うよ」

会社では人の言うことなど全く聞かない和田なのだが、恵子さんの話は心を動かすものがあった。

同じ物事でも、違って見える人がいるという衝撃

この勉強会では、参加している経営者の話が信じられない、と思うことも多々あった。

「学んだことを会社で活かしたところ、離職率もぐっと下がって売上が二倍になった」と話す社長もいる。経営者にとっては羨ましい限りだと思って話を聞いていると、「社員に笑顔があふれたら、売上は自然とついて来ました」などと話す社長もいる。

売上が自然について来るとは、一体どういうことなのか。売上とは、先月や昨年などのデータを元にして、目標数値を定め、それに見合った行動をするからこそ、達成できるものではないか。

「お金は重要だが、それだけが経営の目的ではない。志を持ち社会貢献できる人財を仕事を通じて育てる教育も重要だと分かってから、お金もどんどん集まるようになった」そんなことを語る社長も……。

「私はこの勉強会で、恵子ちゃんから大きな気付きを得ることができて、本当に良かった。もし、未だに分からないままだったら、私どうなっていたかわからない」、熱っぽく話をする社長たちの言葉を、和田はうまく受け止めることができない。

確かにコミュニケーション研修では、同じ物事でも、全く別の捉え方をする人がいる、と

いう話も聞いていた。同じ「お金」だとしても、「お金のために、自分は頑張れる」という人もいれば、「お金以外のものを大事にしたいから、お金のためにはそれほど頑張れない」という人もいる、という話も聞いた。後者のような人にもきちんと寄り添ったところ、社内の雰囲気が非常に良くなり、それぞれの社員の強みが発揮できるようになって、結果何もかもがプラスの方向に向かい出したのだとか……。

「お金のためには頑張れない人もいる」、というのは、和田には「太陽は北に沈むことがある」というのと同じくらい、あり得ないことのように感じられていた。

しかしそう言われると、思い出されてくるのだ。能力や役職に応じて給料を上げたのだから、これまで以上に仕事を頑張ってくれると思っていたのに、突然会社を離れていったたくさんの社員たちのことが……。

ある日店舗のカフェカウンターで、矢部と言い合いになったことも和田の頭に浮かんでくる。

和田は「仕事ができる」、とはイコール「数字で結果を出す」「誰よりも早くやる」「一番を目指す」ということと同じ意味だと捉えている。例えば一〇〇メートル走では、一番早くゴールに辿り着いた者が一番優秀な者で、そんなの当たり前の話だ。

ただ、あのとき矢部には「早く仕事をすることが全てではない」「結果も大切だが、スタッフの満足も大切」とか、そんなことを言われたのだ。

そして夕暮れの会議室では、「もっと人の気持ちに寄り添って欲しい」という話もあった。コミュニケーション研修で説明があった、同じ物事でも全く別の捉え方をする人がいる、というのは、このようなことも含まれるのかもしれない。和田はこれまでの出来事を思い出してそう感じていた。

この勉強会には、恵子さんの話が分かったら、売上が一気に上がった、会社の経営が一気にうまくいくようになった、そう語る経営者ばかりだ。

その真意がきちんと自分の中で落とし込めたら、同じ道を歩めるような予感が和田にはある。ゴルフでは、自分は日本一のタイトルを獲れるだろうという手応えを感じれば、やるべきことをやり、練習を重ね、宣言通りに史上初の三冠を達成することができたのだから。

今のままでは、きっと自分はずっと苦しいままだ、和田はそんなことも感じていた。自分が何かを変えなければならない。変われるものなら、変わりたい、和田は心のどこかでそう思っていた。

恵子さんから誘われた、屋久島の研修に参加すれば、何かが分かるのかもしれない。何かを大きく変えられるような期待もしながら、和田は屋久島に行くことに決めたのである。

仲村恵子の所見

ヒロは誰もがあこがれるゴルフ界の有名人、何もかもがスマートで素敵な人だ。しかし、ひとつだけ気になったのは、「善きコミュニティを持つ事が、人生やビジネスの成功に直結する」という新しい時代の考え方を学んでこなかったことかもしれない。

今までの競争と成長の時代には、強いリーダーが会社を牽引し、成果もリスクも背負ってきた。

それがあたりまえだっただろう。売上をあげ数字で勝つために、「世界にはライバルとお客様しかいなく、勝つためには指示通りに動く有能な部下がいればＯＫ」というような時代だったかもしれない。仕事に仲間や心という理解しがたいものを持ち込む必要などなく、封印することは当たり前のことだった。いちいち感情を気にしていては戦えない。

幹部として十分な給料をもらって仕事をする以上、売上つまり数字の責任をコミットすることは当然であり、仲間や感情は必要ない。

しかし、心を閉じ込め極端に数字を追いかけて、達成にむけて日々走り続ける生き方では、永遠に安心は訪れてこない。

時代は大きく変化していく。今こそ共にいて欲しい人は、心を閉じたロボットのような部下ではない。あらゆる試練を共に超えて行こうとする仲間なのだ。

善き仲間が集まれば智恵も出てくるだろう。

心を許せる仲間がいれば、歩む道が険しくても、勇気も楽しみも湧いてくるだろう。

そしていつかお客様も、自分たちの志に共鳴共感し応援してくれる仲間になれば、仕事も安定し安心して生きていけるだろう。

地位や名誉、お金などに囚われれば、心の中は葛藤し戦いを続けているようなものだ。戦う心の世界で安らぎが生まれるわけがない。

過去の社会制度があまりにも外面的事象によって物事を左右しているからだろうか。内面的な心のあり方について学ぶ必要性などがないと思い込んでいる経営者が多い。だから心や考え方についてきちんと理解している、新時代のリーダーが不足しているのが現状かもしれない。

そしてお金はとても重要だ。お金があれば手に入る幸せも安心もある。しかしそのお金の法則、つまりルールが更新されたとしたらどうだろう。

昔はリーダーにお金が集まり所有した。しかし、今のリーダーのお役目は、志を共有する仲間で世の中に必要なコミュニティを創り、発展させるためにお金も含めたあらゆるエネルギーを循環させていくことだ。お金を特定のリーダーが所有するという時代から、コミュニティが総有する時代へとシフトしていく。

そもそもお金を払いたいかどうか決める権利はお客様にある。お客様の心が決める。だからこそ私たちは、皆が応援したくなるような世の中の人が願う大きな志が大切だ。ご縁のある仲間のお役に立ちたいと思い、親切に行動する愛の力。経営はたくさんの人に愛されなければ成り立たない。愛は周り巡りて、あなたを守ってくれる力なのだから。


ヒロに「売上と自分の感情のつながりについて、どういう関わりになっていますか？」と聞いたことがある。

「数字が上がれば、安心が増え自己重要感が上がる。売上が下がれば不安や恐れがあふれ、ついつい社員に何とかするように〝このままでは会社が大変だ〟と不安を煽ってしまう」と、彼は答えた。

上から流れ出た不安のエネルギーは、ドンドン下流へ拡がっていく。

そんな状況なら、お金のためにこんなにも不安に追い詰められるならもう頑張れない。お金ではなく安心できる仕事がしたいと願う人もいるだろう。ひと昔前のルールなら頑張れば儲かり、頑張れば楽しい事も増えただろう。しかし時代は変わっていく。

さて本当にヒロは、お金のために頑張れない人がいることが分からなかったのだろうか？実はヒロこそが最も「お金なんかいらない。お金のために頑張れない」と心の奥で叫んでいると私は感じていた。ヒロは、もうすでに思いを閉じ込める達人になり、石になった心の声を、体や指の節々を腫らすことで、ＳＯＳを伝えていたのではないだろうか。

ただ責任感が強い、お金が大事だとよくわかっている。自分が何とかしてお金を稼いで、社員や家族を守る責任があり、逃げ出す自由はない。あまりにも我慢のしすぎだった。


ヒロに、こんな質問をした事もある。

「ねぇヒロ、あなたの夢は何？」

まるで幼子に宝物のありかを問いかけたようなしばらくの沈黙の後、ヒロの目が瞬く間に赤くなり涙があふれてきた。そしてこう答えた。

「今まで一度も、誰からも、夢は？　と聞いてもらった事はなかった……」

誰もが彼に望んだのは、期待、やるべきこと、やるからには成功、ロジカルに淡々と達成すること。「自分が本当にやりたいこと」など、誰が本気で聴いてくれただろうか。取り囲む人は皆、ヒロはもうすでに欲しい物は、なに不自由なく手に入れていると思っていただろう。しかし、彼の心は満たされず、苦しく乾いていた。他人から期待される自分と、本当に自分が望んでいる真実の叫びの狭間で……。

「いつの日か善き仲間と出逢ったら、ヒロは自由に生きていいと思う」

私は言った。

ただそれまでに、人との繋がりや愛について学ばなければならない事がある。真実の愛と自由は同じだということを。

心の中に押し込めて忘れ去っていた、もう一人の自分

研修の日、勉強会の経営者仲間とともに、都会の喧騒から離れた大自然あふれる屋久島へ到着した。

綺麗な青い空をバックにして、山々の緑が映えて見える。

近くに滝か川があるのだろう、水が豊かに流れている音も聞こえてきた。

和田はこの屋久島の地に足を踏み入れただけで、心が解放されていくような気がしていた。

自然のエネルギーを感じられるこの場所で、内省内観のプログラムが行われた。いつもは気付かないような自分自身の心の奥深いことを、恵子さんの指導の下、静かに自分で見つめていく。

この内省内観を進めていくにあたり、和田はまず会社や自分自身の現状と向き合っていた。長年、会社の内情は決してうまく行っているとは言い難い状態だ。どんどん社員は辞めていくし、挙げ句の果てには幹部に呼ばれて「社長に問題があります」とまで言われてしまう。

和田の心の中に、恵子さんの「人と人とが真に触れ合う実体験をしたことがないからかもしれないね」という言葉が浮かんできた。どうして自分は、人としてのあたたかい交流をほとんど体験できないまま、こうして大人になり、社長になってしまったのだろう……。

プログラムを行っている部屋には、大きな窓があり、外からの穏やかな光が差し込んでいる。たとえどんな辛いことを思い出しても、優しく包み込んでくれるような場所だ。

恵子さんが話をする。

「心の中の課題は、一体いつから始まったことなのでしょうか？　過去へ、さらに過去へ、記憶を遡って行くことにしてみましょう」

和田は様々なことを思い出していた。これまですっかり忘れていたような出来事さえも、心の中でよみがえっていく。

その中でも浮かび上がってきたイメージは、幼い頃の父の姿だ。

父と一緒に遊んで欲しくて、無邪気に父の後ろ姿を追いかけていたのに、くるっと振り返った父は、まだ小さな和田にこう言った。

「ワガママ言うんじゃない。お前と遊ぶ暇なんてないのだから……。俺はな、お前らのために働いてるんだから、分かったな」

いつも父は「お前のために」、「お前のことを思っている」と言い、その次には「だから、これをしろ」「だから、これはするな」という言葉が続いて、何か引き換えの条件のようなものを、和田に突き付けていた。

見方によっては、そのような形で、和田の成長を応援してくれていたとも言える。表現が不器用な人とも言えるだろう。

そして、和田へ求める要求はどんどんエスカレートしていった。例えば、「お前の将来を思っているから、ゴルフは死に物狂いで練習して、絶対に結果を出せ」というように。

さらに内省内観で心の中を見て行くと、和田は「本当は愛されたい」と思っていたもう一人の自分の存在に気付いたのだ。けれどもずっと、父の愛情は、厳しい要求といつも隣り合わせだったのだ。

人としての、あたたかい愛を受け取りたい。

でも、自分の場合は、愛されるためには、厳しい、怖い、苦しい思いをしなければならない。

「だったら、もうこれ以上の愛なんていらない」

子どもの和田は、そう悟ってしまったのだ。

本当は愛されたい自分を心の奥深くの方に封印して、父の愛情も、誰の愛情も受け取らなくて済むようにすることで、和田は自分の身を守り続けながら成長してきたのだ……。


大きな窓の外では急に雨が降り出してきた。

雨雲で光は遮られ薄暗くなるが、瑞々しい自然の恵みが与えられていく。外は荒れ模様になっている中で、和田は静かに昔の自分自身のことや、父のことについて思いを馳せていった。

祖父から父へと渡された会社の代表というバトンは、何事もなければ、和田が受け取ることになると幼い頃から決まっていた。経営トップの立場の人間は、うまくいけば、とても豊かな生活を手に入れることができるが、それと引き換えに、うまくいかなければ、負の側面を全て一人で背負わねばならなくなる。

あのとき父が和田に言っていた「お前のためを思っている」という言葉には、そういう意味があったのかもしれない。和田は優秀な経営者になれるかどうかで、最高な人生になるか、最悪な人生になるかが決まってしまう運命にあったのだ。だから、幼いうちから、優秀な経営者になるための苦労ならしておいた方が良い、必要なものは全て身につけてから大人になるべきだ、父はそう考えていたのだろう。

それは父の愛だったのだ。

しかし、子どもの和田は、そこまで理解することはできなかった。

厳しく育てられた和田は、誰かに愛されることは自分の身を危険にさらすことだと無意識的に感じてしまっていて、愛されることを拒否して大人になってしまった。そのせいで、社員のことを大切にしたり、愛情を持って接することが苦手になったのかもしれない。そして、これまで何十人もの社員を苦しめ続けてきてしまったのだ。

愛されたい自分を幼い頃から自分の中に封印し、心をそこに取り残して、誰の愛も受け取らないと決意した自分だけが大人になっていった。そうすると自分の心と体が全然繋がってないような、自分が自分でないような妙な感覚を常に抱えることになってしまう。自分を信じることができていないから、本当の意味での「自信」も和田にはなかった。

ときに圧倒的な成果を出すことで、周りの人に自分のことを認めさせ、そしてときに、周りには非常に厳しく接することで自分に近づけさせないようにし、誰かの愛情を受け取るのが怖い自分を誤魔化し続ける。そうすることで自分という存在をやっと保ちながら、和田はずっとここまで生きてきたのだ。

だから会社では、人の繋がりや人のあたたかさ、仲間同士の愛情といったものを大切にしようとする社員のことを、和田は一切認めることができずにいた。それどころか、そんなものを受け止めるのが恐怖にすら感じていたのだ。

和田は、人の感情が怖くてたまらない中で生きてきたのだ。

人の感情を読み取ってしまうことも、自分の感情を読み取られてしまうことも怖くて、頑なにそれを拒絶した。自分と違う意見が出たときにも受け止めることなどできず何倍にでもして跳ね返しながら、ここまでやって来たのだ。

そんなトップに、誰もついていけなくなるのは、当然だった。会社のために頑張ってくれる社員のために報酬を上げることはできたとしても、本当の意味での愛情を注ぐことができずにいたのだ。

和田の心の霧が晴れ、本当の自分自身が姿を現した……。

「何か、気付きました？」

和田の様子を見ていて思うことがあったのか、隣には恵子さんが立っていて、そっと話しかけてきた。

顔を上げると、大きな窓の外では雲の合間から光が差し込み、雨の中でキラキラとした虹がかかっているのが見えた。おそらく今降っているこの雨も、もう少しすれば止むだろう。その虹の向こうには、モッチョム岳がそびえたっている。雄大な自然は、いつでも人々を何ひとつ否定することなく、あるがままで受け止め続けているに違いない。

そんな安心感が和田の中に広がっていた。

「恵子ちゃん……。こんなこと言って、どこまで信じてもらえるか分からないけど、自分の中に、本当は愛されたかった自分がいたことに気付きました。随分と長い間、忘れ去ってしまっていたのだけれども……」

「そっか。そんな自分に気付けて良かったね」

恵子さんは相変わらず、穏やかに返事をし、さらに話が続く。

「これからは、そんな愛されたい自分のこともちゃんと認めて生きていくことって、できそう？　自分自身の思いも、自分だけじゃなく周りの人の思いも、信じて受け止めることはできそう？」

そこにはにっこり笑っている恵子さんがいた。

恵子さんを見ていると、和田は分かってきたのだ。本当は、人の感情は怖いものでもないし、誰かの愛情を受け取ることも、愛情を注ぐことも、恐怖でも何でもないということが。むしろ、人のあたたかさや愛情は、誰もが心の奥底で求め続けているもので、もちろんヴァリアントの社員たちも、皆、必要としているに違いないのだ。

「そうですね、恵子ちゃん。これからは、できそうな気がします。私はもっと、社員に愛情を注げる社長になりたいと思います」

とても大切な事に、和田は気付いたのだった。

後ろを振り返ると、誰もついて来ていない

そしてモッチョム岳登山へ。屋久島の山の中でも急な上り坂が続くことが特徴的な山なのだが、もちろん目指すは山頂だ。ゴールが分かれば、そこに向けて突き進んで行けば良いだけ。これ以上ないほどシンプルで、難しいことは何ひとつない、そう思った和田は頂点を目指して前に進み出した。

最初はゴルフでタイトルを獲ったときと同じ心境だった。自分はトップになると決めたら、難しいことは考えず設定したゴールに向かって進んで行く。深く考えることなくひたすら前

を向いて山を登っていたのだが、何気なく、後ろを振り返ってみると、和田について来ている人はおらず、そこに誰もいないことに気付いた。

「あっ」と和田は小さな叫び声を上げた。

今の、この状況……。

自分の遥か上の方に、山頂があるのは分かる。だから和田はそこを目指し、無駄な動きは一切せずに、ひたすら上へ、上へと進んで来た。

ただ、山を登り始めてそれほど時間は経っていないというのに、大自然の中でポツンと一人立っていた。和田だけが一人でどんどん進み、一緒に歩んで来た人は一人もいない。山の緑が和田のことを包み、遠くの方で鳥の声は聞こえるが、後ろを追う人の声は一切和田のもとには届かない。

これが、まさしく、ヴァリアントの状態をそのまま表しているではないか。この屋久島という特別な場所で、「後ろを振り返る」、こんな簡単なことを、和田は生まれて初めて体験したような気がした。

確かに和田は競技ゴルフをしていたので、他のどの参加者よりも体を鍛えていた。前を見つめて山で歩き出せば、誰よりも早く前に進めるのは当然だ。

しかし恵子さんによると、この先、一人では前に進めない道もあるという。誰よりも鍛えているからと言っても、誰も追いつけないくらいのスピードで前に進んでいくことに、果たしてどんな意味があるのだろうか。大きな意味や意義は、そこにはないだろう、と和田は気付いた。

自分のペースで突き進めばそれで良い、周りがついて来るのが当たり前、そんな考えでこれまでやって来たが、それは自分を基準にしていただけで、現場の社員にはきっとあまりに無茶をさせ過ぎていたのだ。何も考えずにこの山を歩いてみた自分と他の参加者との差が、それを教えてくれる。会社での和田と社員との距離に関して言えば、差、というよりは「溝」と言った方が良いかもしれない。

ゴルフのような個人戦では、一切後ろを振り返りもせずに前に突き進むことで、非常に大きな成果を得ることもある。しかし、会社経営は個人戦ではないのだ。何気なく後ろを振り返ってなければ、この先も一人ぼっちで前に進んで行っていたのかと思うとゾッとしてきた。

万が一、うっかり道からそれてしまった場合。和田があまりにも早く進み過ぎたために、遭難したことすらしばらく気付いてもらえず、独り森の中に迷い込んだまま誰からも助けられることもなく、永遠に見つけられることもない、そんな事態になってしまうかもしれないのだ。それはあまりに孤独で、誰からも理解されていない会社での和田と、全く同じ状態と言えるかもしれない。

トップを突き進んでいるからこそ、ときに後ろを振り返ることも絶対に大切なことだったのだ。屋久島の大自然の中で、和田はようやく気付くことができた。

山のひんやりした空気を頰で感じていると、内省内観の最後に恵子さんと話したことが思い出されてきた。あのとき和田は、これからは周りの人のこともきちんと受け止めていく、と恵子さんに伝えたのだ。

しばらく待っていると、他の参加者たちの姿が見えてきた。当然なのだが、スーツやネクタイを身につけている人は、誰一人としていない。誰が社長で誰がどんな肩書きなのか、そんなことさえ無意味に思えてきてしまう。誰が上の立場で誰が下の立場であるかなんて、屋久島では本当にちっぽけなもの。一人一人の人間として、この山に来ているだけなのだ。

「和田さん、てっきり先に行ってしまったのだと思っていました。さすが、日本タイトルを獲った方だな、どんどん登っていくな、なんて思っていたんですよ」仲間の一人が和田に笑顔で声をかけた。

「いえ、……あまりに前だけを見つめて進み過ぎるのも、良くないですね。一緒に進んで来ている人が誰もいないこと、途中まで気付かなかったんです。もっと早く、一度後ろを振り返ってみるべきでした」

和田は、時折後ろを振り返りながら歩き始めた。大きな障害物があるときには、まずは自分がよじ登り、他の参加者の手を握って引き上げることもあった。一緒に屋久島に来た参加者全員がひとつのチームになって、山頂を目指して登っていく。

自分の手を貸して誰かを引き上げたことも、和田にとっては思えば初めての体験だった。「誰かの力を借りるなんてどれだけ弱いんだ、もっと強くなれ」「自分の力で這い上がって来い」、社員たちには常にそう要求してきたような気がする。他ならない和田自身が、そうやって何事も一人で抱え、誰の助けも借りずに生きてきたので、社員たちもそうであるのが当然と思っていたのだ。

手をぎゅっと握った人が和田の力を借り、障害物を乗り越えると、和田の顔を見て心からの「ありがとうございます」の一言を伝える。

きっと会社でも、和田は社員たちに向けて自分の手を差し伸べることが大切だったのだ。そうしていれば、こんなに多くの社員が辞めることもなかったのかもしれない。

途中で、思いも寄らない土砂降りの雨にも遭遇する。和田は無理して進もうかとも思ったが、自分一人だけならともかく、他の参加者の顔を見ていると、それは危険な選択だと思えてきた。一度立ち止まるのが、ここでは賢明だろう。

地面を叩きつける雨を眺めていると、こんな風に何事であっても、いつも順調にいくとは限らないということが実感として分かってきた。あらかじめ、徹底的にロジカルに考え導き出された答えの通りにやれるのかと言うと、そううまくはいくものでもないのだ。

これも恵子さんが話をしてくれたことだ。山登りでは、思いも寄らないことも起きるが、経営でもそれは同じで、予定を狂わせてしまうような不確定要素であったとしても受け入れて、周りの人を信じて足並みを揃えねば、チームで何かを達成することはできない、と。

和田は、これまで思い通りにいかないことがあると、想定していた通りに仕事を進められない社員の能力が低いのだと決めつけていた。もっと頑張れ、なぜできないのだと言って社員たちを責めては、苦しめ続けてきたのだ……。

声を掛け合い、手を差し伸べ合ってようやく山頂に辿り着いたときには、和田はとても晴れ晴れとした気持ちになっていた。もちろん、山の上からの眺めも絶景で、一緒に山頂に辿り着いた仲間とともに記念撮影も行った。

屋久島に来なければ、モッチョム岳に登らなければ、分からないことがたくさんあり、この大自然での経験で、和田は本当に大切なことを手にすることができたのだ。

大切な気づきをくれた屋久島モッチョム岳山頂にて

心の悲鳴が、体の異変を引き起こしていた

屋久島での研修を終え、和田は飛行機で東京に戻る。窓から外の青空を眺めながら、和田は手首が腫れ上がった原因と、なぜ鎮静剤を使用したときだけ体調が良くなったかについて考えていた。長い間、和田を苦しめていたが、屋久島での研修のときはほぼ症状が出なかったのだ。原因不明と言われ続けていたが、やっと謎が解けた。和田の体調不良の原因は、完全にストレスだったのだ。

思えば最初に症状が出たのは、社員の離職率が相変わらず高い中、会社として三億円の赤字まで出した時期のことだった。どれだけ表向きを装ってみても、経営者としては能力不足なのだということを、数字によってハッキリと示されたような気になっていた。自尊心が傷つけられ、さらに不安になって、和田のストレスはかなり大きくなっていたのだ。

寝ているときですら、和田は心の奥底にある恐怖心から逃れずにいたのだ。普通に眠るくらいでは、頭と心の中では「経営者として数字を上げねばならない」という物凄いプレッシャーが常に和田を襲っていた。検査の時、鎮静剤によって強制的に眠らされると、そのストレスから完全に解放される。そのときだけ、和田は今機中から見える青空のように爽やかな気分でいられたのだ。

逆に言えば、強制的にシャットダウンでもされない限りは、寝ても覚めても自分自身への厳しさと、数字を上げなければならないという重圧で、和田の心は逃げ場がなくなっていたのだった。

今度はこの手で、周りの人を引き上げよう

飛行機は無事、空港に到着した。それまで一緒に行動をしてきた仲間ともここで解散だ。お互いに手を振って、「また勉強会で会いましょう」と言いながらそれぞれの家路へと向かった。

大きく手を振った後に手を下ろし、和田はじっと、その手を見てみた。

和田はかつてこの手にゴルフクラブを握り、アマチュアゴルフ界で史上初の三冠を達成することができた。徹底的にロジカルに考えて、何が何でもそのロジックの通りにやってきたからこその勝利だった。

これからは、この手を差し出していこう。そして、誰かの手をぎゅっと握りしめよう。自分の力を必要としている人であれば、この手で、その人を引き上げることだってできるのだから。和田はそう思っていた。

屋久島では、幹部社員と一緒に研修に来ている社長がたくさんいた。和田も次回の研修は幹部たちと一緒に参加して、この素晴らしい体験をともに分かち合おうと思った。

空港から外に出て空を見上げると、飛行機の中で眺めたのと同じくらいに綺麗な青空が、東京でも一面に広がっていた。「これからは社員たちと一緒に、このような晴れやかな気持ちで仕事をしていこう、そうできるに違いないのだから」和田はそう信じていた。

その後、まさかの展開になるとも知らずに……。

第6章 部長 矢部明。気分は落ち込んだまま、屋久島へ

もう辞めよう。ただ、微かな期待もある自分

現場の声を社長に聞かせても、社長の心にまでは、届けることができなかった、あの日……。和田が怒りに任せて飛び出して行く後ろ姿を、矢部は唖然として見送ることしかできなかった。

このことで、「もう辞めよう」という気持ちが強くなってしまった。決意はほぼ自分の中で固まっているのに、いざとなると和田に伝えるタイミングをどうしても見計らってしまう。

しかし、矢部は和田に初めて会って、「この会社のために頑張ろう」と思った日のことも、相変わらず覚えているのだ。あの日と同じ気持ちで、ヴァリアントで働けるのが一番良いの

ではないか。そう思う自分もいた。

そんな中、矢部は和田が経営者のための勉強会に参加するようになったという話を聞く。そして、あるとき「屋久島の研修に一緒に行こう」と声をかけられた。

自分は辞めるつもりでいるので、屋久島に行っても会社にとってプラスになることは何もないですから……。矢部はそう伝えようと思っても、既に一緒に行く前提で手続きを進めている和田の様子に、何も言い出せなくなっていた。急に不参加の返事をすれば、研修先にも迷惑がかかってしまう。仕方がないので、もしかしたら、自分の気持ちを整理するいい機会になるかもしれない、と思い直した。新たな気持ちでまた頑張ろう、と思える何かが見つかるかもしれない。

ただ、その期待はほんの僅かなもので、屋久島で何も心が動かなければ、今度こそきちんと辞意を伝えようという気持ちの方がはるかに大きく、ポジティブな気持ちにはなれないまま矢部は屋久島に向かうことにしたのだった。

前向きな気持ちになることはなかったと、正直に打ち明ける

そんな気持ちで屋久島に向かった矢部は、何をしても、気分が上がることはなかった。登山をしても、山頂の美しさよりも、中腹で「もや」が立ち込めてきたときのことばかり印象に残ってしまうのだ。そのとき矢部は、あぁ、今の自分の心の中と、よく似ているよなぁ……、と思いながら黙々と歩いていた。

周りの参加者の顔を見ると、とても生き生きとしている。同じ時間を過ごすことで、自分も一緒に元気になれるかもしれない、とも一瞬思ったのだが、やはり自分の気持ちはそう単純にはいかないものだ。そのうちかえって、矢部はついて行けない自分だけが取り残されたように思えてきてしまった。

結局、「これからもヴァリアントで働き続けたい」という気持ちになることはなく、矢部にとってはただプログラムをこなすだけの研修も明日で終了となる。

矢部の様子を見ていて、代表の恵子さんは、何か思うことがあったのだろう。

「やべっち、この屋久島の研修で、何か得られたことや新たに気付いたことはありましたか？ゆっくりと納得するまで、自分と向き合うことはできた？」と声をかけてくれた。

矢部はここでは「やべっち」と呼ばれている。ここで何と返事をしたら良いのだろう、と

戸惑った。今回この屋久島の研修で、私は会社を辞める決意を固めました、なんて話して良いものか……。

「そうですね……」

煮え切らない様子に、

「やべっちは、何かと抱え込んでしまいそうだからね。どう？　私で良ければ話を聞くわよ」

さすがは恵子さんだ、と思った。矢部が一人になるタイミングを見計らって話しかけてくれたのかもしれない。周りに誰もいなかったこともあり、矢部は、ポツリポツリと、恵子さんに向かって話し始めた。

本当は辞めたいとずっと思っていたこと。

ただ、スタッフやお客様の笑顔を見ることが自分のやりがいだったのもあり、迷っていたこと。

最初は、社長の思いに応えたい、だからこそ結果を出したいと思っていたこと。

けれども、同じ「結果を出す」と言っても、和田の場合はまずロジックありきで、与えられた仕事をやれ、人の感情は一切いらない、無駄なことはするな、そんなスタイルなのが辛い。

私は誰かに喜んで欲しい気持ちもあって、結果を出そうとしているのに……。

この屋久島が最後のチャンスかもしれない、と思ってやって来たこと。

けれども、続けたい気持ちが湧き上がってくることはなかった……。

そんなことを伝えた。

話を聞いた恵子さんは、矢部にこう聞いた。

「今の体の感じなんだけど……、どうなっている?」

「全身の鎧が砕け散って、まるで全身に矢がささっているような感じがします。もうとても戦えません。なんの役に立たない以上、会社にいても迷惑をかけるだけなんです」

矢部は、刃を全て自分の方にむけて傷ついていた。

「それをヒロにも、屋久島にいるうちに、正直に、誠実に話をしてみたら?」

「えっ……」

「今しか話せないと思う。今なら心から聞いてくれると思う。だってみんな今気になることを解決したくてここに集まっている仲間なんだから。会社の社長や幹部ではなく、幸せになりたいと願う男同士として本音で語ってみようよ。もう建前の話はしたくないでしょ。ヒロもそうだと思うよ。東京の職場に戻ったら、また役職で話してしまうから……」

「でも……」

わざわざ屋久島まで来ておいて、私はヴァリアントを辞めます、なんて話をしたら、何と言われるか分からない。確かに、いつかはちゃんと時間をとって伝えねばと思っていたのだが、心構えをしてから話をしなければ、刃物のように鋭い和田からの言葉が、自分の心にまともに刺さってくるのは目に見えている。

そんな矢部の姿を見て恵子さんは、「大丈夫、一緒にいるから」と言ってくれたのだ。


場所を変えて、同じ建物内の、西日の差す少し狭い部屋に移動することになった。

いつか見た光景に似ている、と矢部は思った。

あのときも、ちょうど夕暮れで、矢部は緊張していた。そう、店舗のスタッフたちの声を資料にまとめて、和田に伝えようとしたあの日の会議室の光景と似ている。

望みを託して話をしたのに、和田の心が動くことはなく、それどころか最後には激怒させてしまい、和田は会議室を怒り任せに出て行ってしまったのだ。

ただ、あの日とは違い、この屋久島に流れている空気には、全てを受け止めるあたたかさがあるようにも感じられる。

部屋の窓からは、人間なんてちっぽけなものと思わせる充分過ぎるくらいのパワーを秘めた山々と、綺麗な茜色に染まっていく空も見えた。東京では絶対に見ることができないような、それなのにいつか見たことがある懐かしさもこみ上げてくるような、何とも不思議で幻想的なグラデーションが広がっている。

少し経ってから、恵子さんと和田が部屋に入って来た。

「やべっち。自分の言葉でいいから、ヒロに話をしてみるといいよ」

相変わらず恵子さんの言葉は優しい。

隣に座った和田の顔は怖くて矢部はまともに見ることすらできなかったが、ポツリポツリと話し始めた。

さっき恵子さんに話したことと同じことを、矢部は伝えていく。

恵子さんが見守ってくれている中で話していると、矢部の緊張は和らいでいった。

ただ、話が進んでいくうちに……。

目の前の和田の姿に、矢部はただただ、驚くしかできなくなってしまった……。


これ以上は、きっと役には立てない、意味がない

「あっ、社長。すみません、お時間いただきまして……」

「いやいや、せっかくの研修中だしね。恵子ちゃんからも、ゆっくり話してみたら、って言われたし、大丈夫」

「ありがとうございます」

「ところで、話って……。さっきの恵子ちゃんの感じだと、かなり重要なんだろうなとは思うけど？」

「それが……」

「言いにくいこと？」

「屋久島まで来ておいて、こんな話で申し訳ないのですが……」

「なに？」

「結論から言わせていただきたいのですが、その……、ヴァリアントを退職しようと思っています」

「退職？」

「突然ですみません」

「退職……、なんで？」

「疲れてしまいました。私は社長の期待に応えたいと思って入社したんですが、お力になるのは、これまでも、この先も、到底できそうにありません」

「力になる……」

「会社にご迷惑をおかけすることになるのは分かっています。ただ……、私なりにこれまで頑張ってきたのですが、私のやり方では、社長が求められている成果は出せそうにないんです……。力不足で申し訳ないです」

「……辞めようと思ったのは、いつから？　最近のこと？」

「いつから……。そうですね、いつ頃からだったかな……。そうだ、入ってすぐ、チラシでの販促で集客をしたときのこと、覚えられていますか？　私はあのとき、早速、成果を出せたと思って喜んでいたんです。でもそれは、入社してすぐのことで、社長が求められていたのは、全く違うものだったっていうことが分かっていませんでした。ただ、あのことをきっかけにして、自分がここにいても、ひょっとしたら役に立てないのではないか、と少しずつ感じるようになりました……」

「……うん」

「私が甘かったんです。私は、店舗にいるみんなと一緒に成果を出せたらいいなと思っていました。だから、スタッフに対して、それほど厳しくすることもできませんでしたし……」

「……」

「以前、会議室にお呼びして、スタッフたちの声をまとめて届けさせていただきましたが、やはり社長とは目指すものが違ったのだと思います。全く見当違いなことをしてしまい、あのときは本当に、申し訳ありませんでした。ただ、私はどうしても、スタッフたちのことが気になってしまいまして……」

「……」

「せっかく会社にいるのだから、働き続けていれば、役に立てる自分になれるのかもしれない、という気持ちもありました。何かきっかけがあれば、またヴァリアントで頑張ろう、と思えて、一念発起できるかもしれない、とも思っていました。ただ、働けば働くほど、自分の力ではヴァリアントでは、役に立てないということがよく分かりました……」

「……」

「この屋久島が、その、自分自身が変われるきっかけになるかもしれない、とも思っていたんです。でも、強い気持ちを持てる自分にはなれませんでした」

「……」

和田の返答がない。

矢部は目をみるのが怖くて、うつむいて話を続けていたが、やはり返答はない。

そして、目を上げて見ると……。

和田が、ただただ、泣いていたのだ……。

そして絞り出すように、矢部に言ったのだった。

「すまなかった、本当に申し訳なかった……」

本音の話と、全く想像していなかった展開

ヴァリアントを辞めると伝えたら、和田に怒られるかもしれない、一歩間違えれば殴られるかもしれないと矢部は不安になっていたが、まさか、号泣されてしまうとは……。

想像すらしていなかった展開に、矢部は驚き、そして戸惑った。

こういうとき、会社の幹部は、本来ならどういう行動を取れば良いのだろうか？　分かるはずもない。社長が目の前で泣き出すなんて、普通に仕事をしていたら、そうそう起こるはずがない。

「社長……、えー、その……」

「私がきちんと説明していなかった。ちゃんと話ができていなかった」

「……社長、ええっと、その……、どういうことでしょうか？」

矢部はまだ、うまく事態が呑み込めていない。後ろで見守っている恵子さんを振り返ると、

静かに微笑んでいる姿が見えた。

そこからの和田の話は、前回の屋久島の研修での出来事にはじまり、今になって経営に大切な人の心について気付いたということや、自身の幼い頃のことまで……。

いつもの社長であれば理路整然と、ロジカルに話をするし、社員にもそのように話をするよう強要する姿も矢部は何度も見てきた。ただ、このときの話はとても論理的とは言い難く、和田はむしろそういったものからは一切かけ離れたところで話をしているかのように矢部には感じられた。

「すまなかった。こんなにも長い間苦しんでいたことに、私は気付いていなかった。本当に辛かったと思う。申し訳なかった……」

その様子に、矢部ははじめて、和田が心の内の本音を話しているように感じることができたのだ。

いつの間にか、窓の外に見えるのは、夕焼けの色ではなく、大自然だからこそその夜、深い黒に変わっていた。ただそこには、都会では考えられないほどの煌めく星空が広がっている。

和田はさらに涙をボロボロと流していたのだが、「きちんと、話を聞いておかねばならないから。これまでヴァリアントで働いて来て、どんなことを思っていたのかも、ちゃんと話をして欲しい」という言葉をかけられた。矢部は他にもこれまでのことや感じたことを、正直に話をした。

社長であれば、経営者であれば、本当は聞きたくもないこともたくさんあったに違いない。それでも矢部は、自分の中の気持ちや本音を伝え、和田はそれを全部だまって聞いていた。目を腫らしながら、頷きながら……。

最初は「ヴァリアントにいても、もう意味がない。役に立てない」という自己否定の思いで話し始めた矢部だったが、話を続けているうちに、少しずつ、「これからはちゃんと自分は、自分自身の存在を認めてもらえるのではないだろうか、このまま居続けても良い気がする……」とも感じ始めていた。

恵子さんから、こんな言葉もあった。

「ヒロは、自分が社長だというプレッシャーで、自分が辛い、ということにすら全く気付けないまま長年過ごしていたみたい。やっと、自分が苦しいことも、目の前の人が苦しいことも、ちゃんと受け止めていいってことに気付けたみたいだよ」と……。

そして矢部は、決して完全とは言えない様子で話をしている和田の姿に、この屋久島に流れているあたたかい空気と同じようなものが、そこにはあふれていくような気がしていた。何かに包まれていくような、今まで体験したことのない感覚だ。

そのうち矢部の方も涙がこぼれてきたが、それでも伝えたいことをゆっくりと、じっくりと、和田に話していく。

矢部が全て話し終わると、微かな涙声で和田の「ごめん……気づいてやれなくて本当に申し訳ない……」という言葉があり、思いもかけずぎゅっと抱き合った。

まるで、別々の場所で傷つきながらも生き抜いてきた戦友と久々に再会して、戦いが終わったことを、心の底からともに祝福するかのように……。

屋久島の満月がひときわ明るく光り、ここに足を踏み入れた全ての人々を優しい静かな夜で包み込んでいった。

同志になった２人（矢部氏と共に屋久島にて）

第7章 社長 和田博。物語の結末。見えかけた希望の光は……？

話をしないと、分からないことはたくさんある

東京から帰って来てしばらくしたときのこと。

和田は矢部に「やべっち、この後一緒に飲みにでも行かないか？」と声をかけた。矢部からは「あ、いいですよ」という返事が返ってきた。

ビールで乾杯して、二人は話し始めた。かつては見たこともないリラックスした表情の矢部と様々なことを語った。

屋久島の出来事で、きちんと向き合って話をしないと、分からないことがたくさんあるということに気付いた。

それまで和田は、「ここが勝負どころ」と思うと、周りのことはシャットアウトし、自分自身のことに完全に神経を集中して乗り越えようとしてきたのだが、それはゴルフでの必勝法ではあっても、経営の必勝法とは言えないことに気付いたのだ。経営はチーム戦だから周りを見ること、目の前の人と向き合うことがとても大切なのだ。

そして大きな変化のひとつとして、社員と話をする時間を定期的にとるようにしている。他の業務よりも優先させて、一人一人に対して十分な時間をとって社員とミーティングをするのだ。

ここでは上辺だけの会話で終わらないように、本音で話をする。以前のように、社員が何も言わずに突然辞めることもなくなり、社内の雰囲気も良くなっていった。

「楽しく協力し合ってください」という指示で経営がうまくいく

矢部と同志になれた後は、ヴァリアントの進化はスピードアップしている。

パチンコ以外の新規事業にも積極的に関わっていて、そのひとつが、生食パン事業だ。日本の食卓にも合う食パンを届けるために、長年日本料理をやっていた料理人の監修の元でつくられているのだが、まずこの生食パンが美味しいのだ。ふわっとした甘みが口の中に広がり、原材料にもこだわっているので安心して食べることができる。

この店は、実はアルバイトだけで収益を上げることができている。和田がやったことと言えば、事業の大枠と、「みんなで楽しく協力し合ってやってください」と伝えたくらいだった。たったそれだけで行列ができる店になった。

もうひとつ、知人からの紹介もありハーブ事業にも進出。山梨県の上野原、雄大な自然の中に畑がある「うえのはらハーブガーデン」の経営だ。進出の決め手は、このハーブ農園のハーブや野菜がとにかく美味しかったこと。そして、有名ホテルとの取引もあり、経営的にも勝算があると判断したことにあった。きちんと宣伝をすれば、小さな投資でもうまくいくのではないかと考えたのだ。

けれども、現実は甘くはない。農業が、こんなにも思っていた通りにいかないものだとは、和田にとって初めて学ぶことばかりだった。

まず、スピード感が全然違うのだ。農業では三日後には成果を出したいから、種を蒔いて三日後には収穫する、などあり得ない。自然やその作物のペースに合わさねば何も得られないのだ。辛抱強く待たねば、成果を手に入れることなどできない。

農業は自然の恵みであり、同時に自然を受け入れ対応する器を強いられるものだ。屋久島での急な土砂降りのように不確定要素が次々に起きたとしても、全部受け入れねばならない。天候だけでなく、虫に食われてしまうなんてこともある。どんなに大変なことや想定外のことがあっても受け止めて、動いていくしかないのだ。以前の和田なら、あまりに非効率で耐えられないと言って、すぐに手を引いていたかもしれない。

しかし、これこそが経営の本質だと和田は思った。ときに関わる人とじっくり辛抱強く向き合うことも必要だ。思い通りにいかないことがあっても、全部受け止めて乗り越えた先に最高に美味しいハーブが完成するように、農業以外でも、不確定要素を受け止めて事業を進めていくことも重要なのだ。

パチンコ事業部で和田はずっと、店舗同士を競わせることで成果を上げようとしていた。しかし今では、店舗の壁も、そして事業部同士の壁も取っ払ってひとつのチームとして動くことにしている。パチンコ事業部の社員が、ハーブガーデンの仕事を体験することもある。自然の中で経験するからこそ、経営の本質が社員たちも自分の中に落とし込めて、それがパチンコ事業部での仕事でも非常に役に立つと分かったからだ。

お互い競い合ってギスギスしているより、力を合わせる関係を築いた方が、楽しく、しかも楽に結果が出せてしまうことを和田は体感している。

和田が店舗を巡回したときも、「もっとこうしたい」という意見がどんどん出てきている光景を、目にすることが増えてきた。

矢部の店舗でも、パチンコ以外のことでも楽しんでもらおうという声が上がり、営業時間中にスタッフがダンスを踊るという新しい試みもスタート。

日々仕事が終わった後に集まり皆で練習しているそうだ。どのお客様も知っているような楽しい曲を流し、店内の通路でアルバイトも社員も一緒になって踊るのだ。

何も知らないお客様は、営業中にＢＧＭが流れて突然スタッフたちが踊り始めると、やはりビックリするそうだ。スタッフたちもビックリさせたくて、わざわざ通路でダンスをしている。

最初はぎょっとしたような顔をしていた方でも、スタッフたちの楽しそうな姿に、いつの間にか引き込まれて笑顔になっていく。

「やべっち、最近、どう？　みんなで一緒に、ダンスしてるんだってね」

和田は矢部に声をかけた。

楽しく協力し合う新なるステージへ
生食パン事業（左）うえのはらハーブガーデン（右）

「はい、スタッフたちも楽しんでますし、お客さまにも楽しんでいただけています。ダンスを始めてから、店舗の数字もまた上がり始めました」

その声を聞いた和田は「そうか、いいぞ。もっとやれやれ！」心からスタッフにエールおくっていた。

第8章 全てを飲み込む嵐の先に……

青天の霹靂

ヴァリアントはこれからさらに発展していけるはず、そう思っていたというのに……。奈落の底に突き落とされた、とはこのような事態のことを言うだろうか。

(まったく、どうして、こんな目に遭わねばならないんだ……)


八ヶ岳の研修所から見える窓の外は、荒れ模様の天気で、吹雪が襲っていた。

この外界から隔絶された白い世界で、和田は再び自分と向かい合おうとしていた。

研修所からも、天高く上へ上へと伸びているカラマツの木々が見える。秋には繊細で美しい黄金色を見せていたはずの葉は今では全て落ちてしまい、キンと張りつめた緊張感ある空気の中、生半可な覚悟でこの雪山に足を踏み入れたら、人間なんてひとたまりもない、そう威嚇しているようにも思えてしまう。

吹き付ける風に、時々ガタガタッ、と建物や窓が音を立てるのを聞いていると、和田の脳裏にこの一年間の出来事が次々と浮かんできた。

（新しく船出をしたヴァリアントに、こんな災難がふりかかるとは……）


今年のはじめには海の向こうでの出来事と思っていたことが、気付けば全世界に広まっていた新型コロナウィルスの脅威。

突然の緊急事態宣言、そして、営業自粛の要請。

パチンコ店が、まるで全ての悪の根源であるかのように叩かれ始めたのだ。人々が焦りの中で、なんとなく誰かを叩かずにはいられない空気が生まれ、パチンコ店が標的になり、一度その矛先が向かうともう誰も止めることができなくなっていく不気味さがあった。「スケープゴート」とは、まさにこのことだ。

テレビを見れば新型コロナウィルスに関するニュースとともに、パチンコ店がまるで凶器を振り回している犯罪者であるかのように扱われ、それを見た何も知らない大勢の人がパチンコ店を叩くことの繰り返し。

頭を抱えたのは、パチンコ事業部の経営だけではない。「うえのはらハーブガーデン」も、主要な取引先は関東の有名レストランばかりであるため注文数が激減。せっかく収穫の日を迎えるために大きくなったものを、ほったらかしにしてしまう訳にもいかない。注文がないからと言ってただ立ち止まっていれば良い事態でもない。

パチンコ事業部の壊滅的な経営状況が数ヶ月もの間も続くのだ。いつ、売上が回復するのか、先が全く見通せない。

何も分からないのだ。だからと言って何もしない訳にもいかず、社員たちには、うえのはらハーブガーデンのサポートに向かってもらった。また生食パンの事業にも入ってもらった。しかし、現場へ向かう前に、そこに大きな不安を隠しきれない社員も多くいた。

「今は何もせずに、動かずにいるのが、かえって得策なのではないでしょうか」

「私、一人なら良いとしても……、家族が心配しています。私がどこかで感染して、家族にうつしてしまう訳にもいきません」

和田は一人一人の社員の話を聞き、向き合い続けた。

ウィルスへの対策は徹底的にする、という大前提があった上で、それでも不安に思うのであれば、無理にハーブガーデンや生食パンの店にも行かなくても大丈夫だということを社員たちに伝えた。

どこからともなく始まってヒートアップしてしまったパチンコ店叩きもようやく落ち着きを見せ、前向きな気持ちで営業できるようになった。これまでの取り組みが功を奏して、経営的にもようやく、希望が少し見えるようになってきた。よし、これから皆で、気持ちも経営もさらに右肩上がりでやっていこう、と思っていたところ……。またもや緊急事態宣言が出され、営業自粛や時短営業の要請が出される……。

まるで、誰もいない海辺で砂城をつくるように言われ、築いてみたら呆気なく壊されてしまう、その繰り返しと同じように思えてひたすら虚しくなっていた。

次第に、分からなくなってきてしまったのだ。自分はなぜ、会社を続けているのだろうか。経営なんて無意味なことの繰り返しなのかもしれない。

それでも続けていきたいのか？

困惑して迷っているときに、恵子さんに声をかけられて、和田はこの八ヶ岳に内省内観にやって来たのだった。

こんな時だからこそ、自分の心の奥をもう一度見つめてみるために……。

短いようで長く、ずっしりと重い数日間が始まる。会社から離れて、山奥に籠るのだが、ここで何かが見つかるのだろうか、さらに絶望してしまうような事態になってしまうかもしれない、和田は不安を隠しきれずにいた……。

盛者必衰。目の前に広がる景色と、心の内側からあふれたもの

漆黒の空に鋭い月が浮かぶ深夜。

ホールの窓の向こうに暗闇が見える中で、太鼓を叩くと、音はホール全体に広がっていく。手を動かすだけでは思ったような音が出ず、和田は全身を使って和太鼓を打ち込んでいた。

ドンドン　ドドドドン

ひんやりとした空気の中、誰もいないホールに響く鈍い音。

自分が思っている音を出したはずなのに、いざその音を聞いてみると、何かが違うと感じてしまうことばかりなのだ。魂の抜けたような太鼓の音ばかりがホールに広がっていく。

世界的なコンサートも開催されるという特別なホール。そのストイックな空間は、わずかな音の滞りも、誤魔化すことなく演奏者に突きつけてくる。

（なぜなんだ、どうしても、もの足りない音になってしまう。思い切り叩いているはずなのに……）

今回の内省内観で和田は、このヒーローズクラブの和太鼓練習に真剣に取り組んだ。太鼓の音と振動が、自分の心を現世から引き離し、深い旅へと誘ってくれる。その旅の最中で、今までの学びが統合され、更に本当の自分に出会えるかもしれない……。

じっとしていると、得体の知れない何かに押し潰されそうになった和田は、夜も明けぬうちから起き出して、誰よりも早く音楽堂のホールへ来て、太鼓を叩くことにしたのだ。とにかく一心不乱に動いていなければ……。そんな不気味な衝動を、和田は自分でも抑えきれない。

相変わらず、空虚な気持ちは心の真ん中に居座ったままだ。

おそらく外は、一日の中で最も気温が下がる時間だろう。それでも和太鼓と向き合って体を動かしていると、和田は体中が熱くなり、少しずつ汗が滲んできた。

ドンドン　ドドドドン　ドドン

社員たちと分かり合えるようになり、これから未来に向けて、ヴァリアントはさらに、力強く走り出せるに違いない、そう思っていたというのに……。

こんなはずではなかったと思う。ただ一方では、実態はこんなにも脆くて弱く、それが露呈してしまっただけなのかもしれないとも考えてしまう。

このヴァリアントで、自分はもっと誰かの役に立ち、支えになる人になれると和田は思っていた。

振り返ってみると、和田は子どもの頃からずっと走り続けてきた。ゴルフを始めて、アマチュアゴルフで三冠達成。ヴァリアントに入社し、社長となり、今日のこの日まで、立ち止まることなくずっと。

それでもこの先もずっと、走り続けていたいのだろうか？

ドン　ドン　ドン　ドン　ドン　ドン

いや、走り続けているといっても、変わったことがある。

今は、たった一人ではない、ということだ。

屋久島のあの体験が、強くそう確信させてくれる。

孤独を抱えて走り続けているのではないのだ。

ドン　ド　ドン　ドン　ドン　ドン

ヒーローズクラブのメンバーが、ひとり、またひとりと、夜も明けやらぬ時間なのに顔を出し始める。

太鼓のバチを持って、厳粛な顔である。

お互い目で挨拶をするだけで、黙々と太鼓を叩き始める。

それぞれが自分と対話している……。

和田も無心で和太鼓を叩き続けた。音が遠く、強く、何かと共鳴しているかのように響いていく。

仲間の音が重なる。

メンバーが加わる度に厚みを帯びていく。

皆、自分とだけ対話しているのではない。言葉は交わさなくても、ここにいる誰もの心がつながっているのが実感できた。

安心に包まれている感覚が広がった。

仲間ってこういうことだ、叩き続けていると心の底から湧き出てくる何かを感じる。

山の稜線が赤紫に切り取られ始める。

空が朝焼けに染まる頃には、和田の周りには全ての仲間が集まっていた。

ドン　ド　ドン　ドン　ドン　ドン

和田と同じように、経営に悩み、それでも足掻いて、なんとかせねば、と顔を上げ、走り続けてきた仲間たちだ。

話をしなくても分かり合えるような、不思議な絆がここにはある。

同じ経営者だから、縁があって出会った人だから。

さらに超越した何かがあって、お互い通じ合っているようにも感じられる。

二〇二一年この研修で、「コレクティブインパクト」の説明があったことも思い出されてきた。コレクティブとは「集合的に」という意味合いで、志に共鳴した企業同士が手を取り合い、世の中にインパクトを与えて、複雑な社会問題に立ち向かい、解決していくためのスキームのことだ。

経営者の仲間たちが集まるヒーローズクラブに落とし込むと、コロナ禍でも皆で力を合わせて助け合い、元気に生き残っている。過去最高売上を更新しているチームもある。

和田は外に出てみた。

研ぎ澄まされたような冷たい空気に触れた途端、自分の体から蒸気が湧きたっているのが見えて、和田ははじめて、自分が汗だくになっていることに気付いた。汗をぬぐって歩き出す。

人は生きていると、試練が与えられるものだ。

これからも目の前には、突如として挑戦状が叩きつけられるような、そんな試練が訪れるのかもしれない。

だったら、受けて立とうじゃないか。

まだまだこの先も、走り続けてやろうじゃないか。少なくとも和田は、混乱した中でも社員たちを守り抜いてきたし、店舗も、畑も、守り抜いたのだ。

もちろん、和田が一人で全てやったのではない。ヴァリアントのたくさんの仲間たちがいたからこそ、乗り越えることができたのだ。

そう、仲間がいるのだ。

恵子さんから『コレクティブインパクト……、共鳴した企業同士が手を取り合い、世の中にインパクトを与えて、社会問題に立ち向かい、解決していく』、この話を聞いたとき、和田は頭では理解していたのだが、実際はあまりピンときていなかった。しかし、今ならわかる。

そして、恵子さんの教えが思い出される……。

人生のいくつかの試練がやって来た時、それは岐路なのだ。考え方をシフトして新しい世界へ挑戦するのか、下るのか、そこにとどまろうとしがみつくのか？

人生の岐路、分かれ道。そして今のままではいけないと覚悟を決めた強者だけが立ち上がる。

歴史を振り返ると、まるで計画されているように試練がやってくる。

試練というと何だかとんでもないような感覚を感じる人もいるが、なぜそう思うかと問うてみると、答えは意外にシンプルで「現状が変わることなく続くように……」つまり「自分の思うとおりでいてほしい」と、願っているのかもしれない。

コロナ禍では今までの当たり前の生活が奪われた。

売上がなくなる、会社が倒産しそうになる。

今までの考え方では対応できない。

今こそ考え方をシフトして新しい生き方に挑戦しろ、と時代に問われているのかもしれない。

今までの考え方でできることすべてやりつくして心底困った時、人は本気で生き残るために新しい生き方を学ぼうとするのかもしれない。困っていなければ何も、わざわざ挑戦し変える必要はない。

倒産しそうになるか、死にそうになるのか。そこまで大がかりでなくても、困ったと本気で問いかけた時、頭がフル回転し凄いスピードで行動する。待ったなしで最善策を探求し学んでいく。八方塞がりだからこそ本気で立ち上がり、人はとんでもない力や奇蹟を引き起こす。奇蹟とは考え方を変える事なのだから。

だからこそ困った時は、新しい世界を立ち上げていくことに挑戦するチャンスだ。

今回のように会社一つでは、とうてい乗り越えるには大きすぎる試練もある。だからこそ私たちは、もう一度絆を深め仲間と力を合わせて立ち向かうことができる。

美しい国日本、志を一つに立ち上がれ。

仲間がいてよかった。

愛を持って戦うぞ。

そう思えるチャンスをいただけたことに感謝して素晴らしい未来を創っていこう。

和田は、恵子さんの言葉が、ついに全身で体感として分かった。

私たちは共鳴し合って、生きていくことができるのだと。

そしてきっと、一緒に手を取り合うことで、この厳しい世の中にも大きなインパクトを与えて、社会のあらゆる問題にも立ち向かい、解決していくこともできるに違いない。

太陽ものぼってきて、青空が広がっていた。

これまでとはまた違う次元で走り続けていこう。

和田は静かに決意を固めた。

今後も、よく分からないまま、自分たちのことが闇雲に叩かれるようなこともあるかもしれない。

それでも和田には、同志がいるのだ。

会社の大切な仲間たち。

そして、同じ経営者の仲間たちだ。

また大きな試練が訪れても、和田はその度に必要な同志に出会えるような、そんな予感がしている。

そんなこと、綺麗事に過ぎない。そう言う人も現れるかもしれない。だったら、今まで誰も見たことがなかったことであっても、達成してみせれば良いまでだ、と思う。

そのためにも自分は走り続けていくのだと決めた。

一緒に走りたい人が現れたら、共鳴し合いながら、一歩も二歩も先の世界に一緒に飛び込んでいくのも良いだろう。

その先に、まだ見ぬ新しい景色が待っているはず。

大切な仲間たちと志を一つに立ち上がろう！

その景色を、たくさんの人と一緒に眺めたい、和田はそう思った。

楽しみながら学び、成長した先に、見たこともないようなビックリ箱が用意されていて、辿り着いた人を喜ばせ、楽しませてくれるような気がしている。

そう思うとワクワクするから、これからも、走り続けていくのだ。

これからも精一杯、生き抜いてやろうじゃないか。走り続けてやろうじゃないか。

朝の光をいっぱいに浴びて、和田は仲間が待つホールの方に向かって歩き出した。

愛と自由を共に……。

エピローグ

か弱い子供がどうやって生きていったらいいか。本当は愛されたいのに、私は無意識に感情を抑えて生きていました。

中学校時代はみんなとは違うゴルフをやっていたせいでしょうか、いじめられっ子でしたし、その反動で高校時代は不良っぽく見せていたこともありました。

いつの間にかそんな私は、感情より「カッコ、見た目、結果」ばかり気にするようになっていきました。ジュニア時代は全く無名選手で成績も残せず、ゴルフ日本一の日本大学に入学しても、坊主になるのが嫌でゴルフ部に入部することはありませんでした。

そして、自分の人生を切り開くでもなく言われるままに父親の会社へ入ることに。

大きな変化は、社会人になってゴルフができなくなって上手くなったこと（笑）でした。

なぜゴルフをする時間が減ると、上手くなるのでしょう？　それは考えるようになったからです。

なぜ下手なのか？　上手い人は何をやっているのか？　少ない練習量でどうしたら上手く

なるか？　論理的にどうしたら上手くいくのか？　ＹｏｕＴｕｂｅのない時代にたくさん考えました。

数えきれないほどの試合を経験する中で気付いたことは「感情が高ぶったり、期待しすぎると大きなミスをする」ことに気付いたのです。そこからは「できることをやる。スーパーショットは要らない（時としてスーパーショットはよく出ましたが）、ロジカルに組み立てて自分を緊張させない」、これを繰り返すうちに結果が出るようになったんです。

この頭で考え抜いて辿り着いた境地を、そのまま会社経営にも使ってしまったのが良くなかったようです。「感情（心）」にはフォーカスを当てず、常にロジカルに、社員の心が見えず、いつのまにか社員を寄せ付けないようになっていたのです。


会社の人間関係が思うように行かず、体調悪化によって苦しんでいた私が、自分自身と向き合う内省内観をすることによって、仲間と一緒に楽しく体験を通じて成長していくことができるようになったことが今はとても嬉しいです。

いつでも結果や数字にばかりこだわるのではなく、相手の感情やプロセスに寄り添える、そんなチームづくりができるようになったことは本当に奇跡的なことでした。

仲村恵子さんが根気強く教えてくれたからです。

本当にありがたいことでした。

今、私はヒーローズクラブで「日本を元気に」を合言葉に、いろいろな活動を仲間と一緒にしています。登山や太鼓、ダンス、講演活動、今まででしたら考えられないことでした。ゴルフクラブを太鼓のバチに持ち替えてチャレンジしています。太鼓で皆さんに感動を与えるだけでなく、日本人としての志を多くの人にお伝えできたらいいなと思っています。ゴルフに比べたら本当に下手くそな私ですが、全てが新しくてとても楽しいです。

そしてここで、本当の仲間というものの意味がわかり、それに出会えたことが、私の人生の何よりの実りです。

ずっと個人競技をしてきた私には、腑に落ちるまで時間がかかったのですが、本当に心からのつながりと安心を手に入れることができました。

会社経営は、ライバルとの戦いではありません。この本を読まれたあなたも、よかったら私の新しい仲間になってください。一緒にコレクティブインパクトを起こしましょう！

私の人生を振り返ってみると「私自身ができること、勝てること」を探して生きてきたように思えてきました。

だからこそ、どうせ無理を越えて、新しいチャレンジをしています。

今は新型コロナの影響で、ヴァリアントにとっても、日本にとっても乗り越えなければならない時だと思います。

大好きな仲間と共に「日本を元気に」をお届けし、皆さんに喜んでいただけるように進んでいきます。

まだまだできます。

「この街を元気に、日本を元気に」を拡げていきたいです。


また中小企業の社長として、アマチュアゴルファーとして何かお役に立てたらとても嬉しいです。

最後までお読みいただきありがとうございました。

二〇二一年　株式会社ヴァリアント
代表取締役社長　和田　博

第2話　株式会社ダスキン福山

会社の舵を切るのは誰なのか？
心からの感謝、すれ違い、そして覚悟を決めた社長の成長物語

「経営理念と実際の現場」、この二つをいかに一体化させて、力強く前に進んで行くのか。多くの経営者が、仕事をする上で二つの間で揺れ動き、悩んだ経験があるのではないだろうか。

どれだけ強く理念だけを語ったところで、それは時として机上の空論に過ぎないことを痛感したことがあるだろう。理念だけで仕事を回そうとしても、前に進むことはできない。

そうかと言って現場だけ回っていれば良いかというと、それもやはり違うだろう。ともすれば単なる作業になりがちで、理念がなければどの方向に進めば良いか分からなくなってしまう。一度はうまくいっているように見えた経営が、ある時期から行き詰まってしまう原因として、「そこに理念がなかったから」というのも決して稀なことではない。

言動を一致させること、実際の現場で経営理念が体現されることは、とても重要なことだと分かっていながらも、なかなか難しいものである。

さらには「理念と現場」、だけの問題ではない。二つの何かと何かの間で揺れ動き、ときに深く悩む経験は、多くの経営者があるではないだろうか。

「社長の思いと、社員の思い」社員を心から大切にしたいという優しさと、社員に言うべきことは言わねばならないという厳しさの間での揺れ動き。

まだある「会社がこれまで積み上げてきた過去と、これから築いていきたい未来」。この二つをどう一致・一体化させるのか。

会社によっては「創業した社長と、後を継いだ社長」。この二つの間で悩んでいることも多い。やり方の違い、時代背景の違い、社内体制の違い、違いだらけである。どうすれば最適なのか一筋縄ではいかないのが、また難しいところである。

前置きが少し長くなってしまったが、これからの物語に登場するダスキン福山の二代目社長も、試行錯誤の中でもがき続け、大きく揺れ動いてきた一人だ。

株式会社ダスキン福山は社名の通り、ダスキンの広島県福山市にあるフランチャイズ加盟店である。ダスキン創業者・鈴木清一氏は『喜びのタネをまこう』をスローガンに事業を展開。その思いに大きな感銘を受け、フランチャイズ営業契約を結んだのが、ダスキン福山の創業者・髙橋悟氏だ。福山でのスタートはダスキンの事業が現在のように大きくなる遥か前の話で、一九六四年のことになる。

ダスキン福山が二代目の社長に代わってからも、『喜びのタネをまこう』というスローガンは社内にしっかりと受け継がれてきて現在に至る。

清掃用品を直接お客様のもとを訪問して届ける「ダスキン事業部」だけでなく、ミスタードーナツやコメダ珈琲の店舗の運営をしている「飲食事業部」もあり、ダスキン福山ではこの二つの事業部が大きな柱となっている。

ミスタードーナツはダスキン本部が行っている事業であり、コメダ珈琲はコメダホールディングスの加盟店として運営しているという違いはあるが、どの店を訪れてもそこにはたくさんの笑顔であふれている。

社員の人数より、パート・アルバイトの人数が約五倍多いという会社でありながら、高いプロ意識が浸透し、現場の仕事力は目を見張るものがあるのがダスキン福山の特徴だ。お客様からの評価も高く、本部からも賞賛の声も届いているのだが、そこには現場がしっかりと仕事ができるよう動いている幹部社員の存在が欠かせない。「この会社で働けて本当に良かった」と愛社精神を口にする幹部社員がいるからこそ、今のダスキン福山があるのは紛れもない事実なのだ。

しかし、会社として最高に見える状況の中でも、二代目社長は揺れ動いていた。

そして、二〇二〇年のコロナ禍の中、経営者として大きな踏ん張りどころとなったとき、二代目社長は「自分は社長として、どうあるべきなのか」をさらに深く考えさせられることになる。

幹部社員たちと話し合いを続けて、社長が出した答えとは？

この物語の意外な展開に、驚く人もきっといるだろう。しかしこの物語は、日本中の会社で起こり得るリアルな話である。

この物語の中で、社長や、幹部社員たちには、どのような思いがあったのであろうか。

会社や仕事に対するそれぞれの熱い姿に注目しながら、この先の本文を読み進めていただきたい。

第1章　絶望の幕開け。新型コロナより恐い病巣は社内にあった

私の独りよがりだった……、全てスタート地点に戻ってしまった瞬間

きちんと話をすれば、思いは伝わり、きっと分かり合える。

本音を受け止め合って、同じ方向を目指し、これからも一緒に邁進していける。

幹部社員三人を目の前にして、ダスキン福山の二代目社長である髙橋良太は、会議室でこれ以上ないほど熱っぽく語っていた。

「だから、このコロナ禍で日本中が後ろ向きになってしまって、元気もなく、皆落ち込んでいる今だからこそ、社内を改革し、お客様に貢献できることがきっとたくさんあるはずなんだ」

髙橋は普段、周りの人からは冷静な人物に見られることが多いのだが、実は内側では誰よ

りも情熱を燃やしているようなところがある男だ。経営者として、そして一人の人間として、まさにこのコロナで大変な時期だからこそ、自分自身の人生を懸けるほどに情熱を注いでいきたい……、心の内はそんな思いであふれていた。

幹部三人は無言で、真剣な表情で話を聞いている。会議室には髙橋の熱い声と、カチッ、カチッと一秒一秒を刻んでいる時計の音以外には、聞こえるものは何もない。

髙橋にとっては、三人がいなければ、今のダスキン福山は絶対になかったと断言できる存在だ。社内での業務を一緒に行っているだけでなく、経営者勉強会「ワールドユーアカデミー」のチームビルディング研修で、ともに屋久島に行ったこともある。チーム一丸となり世界遺産区域内にあるモッチョム岳での登山にも挑戦したのだが、大自然の中で力を合わせて山頂に辿り着いたときの感動は、髙橋はこの先きっと一生忘れることはないであろう。

このコロナ禍の中でも、ダスキン福山は一丸となりしっかり前を向いていきたい。そう強く思った髙橋は、まずは三人の幹部社員たちに話をすることにしたのだ。

「我々の姿を見て、他の会社も勇気をもらえた、希望が見えたと言ってもらえるような活動をしていこう」

髙橋の熱弁は続く。

「目の前のことばかり見て、世の中の自粛ムードに染まってしまって、これでは大変だ、やれることは何もない、お先真っ暗だ、と思ってしまっている経営者も多いですが、ダスキン福山は違う道を行きます。このコロナ禍で、できないこともあるのも事実ですが、だからこそできることが、それ以上に、きっと山ほどあるはずなんです。どんどん積極的に動いていきましょう」

思いがさらにほとばしる。

「コロナの前の時期に戻りたい……、と過去を見るのではなく、現在の世界中の重苦しい空気に流されるのではなく、大事なのは、未来を見ることです。明るい未来を目指して、新たなことにチャレンジしていくんです。その姿を日本中の人に見せることが、ヒーローに相応しい行動だと思いませんか？」

世の中を明るく元気にするヒーローになる、それが髙橋の信念でもある。

「ただ、他の社員や、社員だけでなくダスキン事業部、飲食事業部で働いているみんなは、どうしても不安になって落ち込んでしまっているかもしれない。まずは誰よりもここに集まっている三人に、率先して勇気ある行動を起こして欲しいのです。コロナ禍の中での感動のストーリーは、今、ここから始まります。いいですか？」

そしてここからは、具体的にどんな行動を起こしていくのか、会議の本題へ……、と思っていたのだが、ここで幹部から返ってきた言葉は、髙橋の想定していたものと全く別のものだったのだ。

「社長、話は以上ですよね？　……もう、現場に戻ります」

コロナ禍で、再び……、孤独

（えっ、現場に戻るって……、ここからさらに、肝心な話をしようとしていたのに）

髙橋は戸惑ったのだが、飲食事業部の工藤部長の「現場に戻ります」という言葉が、まるで退屈な授業の終わりを告げるチャイムであったかのように、他の幹部たちも部屋を出る準備をし始めたのだ。

（先ほどの真剣な眼差しは、話をしっかり聞いていた訳では決してなかったということなのか？　他の不安を考えていて、深刻な顔になってしまっていたということなのだろうか。一つの同じ方向を見るためにこれまで方針を確認し合って、具体的な方法についても何度か模索し、形になったところだったのに。いざ実行しよう、という場面になって誰もいなくなってしまうとは……）

髙橋が唖然としているうちに、幹部たちからはこのような話が続く。

「社長、今は未来を見るよりも、対策せねばならないことが山ほどあります。オペレーションも考え直す必要があるし、ガイドラインも作成するのかどうか話を詰めなければなりません」

「思い切って休業した方がお客様も安心すると思います。その場合、社員たちに保障は出るのか、これから生活していけるのか、気掛かりで仕方ない人もきっといるはずです」

「日本を元気にするよりも、今は自分たちを守ることが大切です」

そんな言葉を残して、三人は足早に会議室を去って行ってしまったのだ。

(ひとつのチームになるために、これまで積み上げたものは、一体なんだったんだろうか……。よくよく思い出してみると、積極的に賛同する声も上がっていなかったけれども、反対もされなかった。それが、よりにもよって、実行直前になって目の前から立ち去ってしまうとは。結局は皆、本音で話してなかったということなのか……)

髙橋は、自らが掲げる経営ビジョンの元、幹部社員たちと同志になれたと思っていた。いや、それは髙橋の思い違いなどでは決してなく、実際になれていたのだ。苦しい思いをしながらも互いの笑顔を見ることができた瞬間や、ともに感動した日々のことなど、あらゆることが一気に思い出されてきた。

それなのに、未だかつてないほどの正念場という状況の中、結局髙橋は一人で取り残されてしまったのだ。未来のビジョンより、目の前の混乱の収束ということなのだろうか？　もちろん髙橋も、このコロナ騒動で失われてしまった通常業務を、どう立て直すのかが大切なことぐらい分かっている。分かった上で髙橋は、目の前の業務に埋没するのではなく、こういうときこそどんな未来を目指すのか、幹部と共有したいと思っていたのだ。

幹部たちからの理解が得られなかったのは「こんな時だからこそ、元気を出して未来のために動こう」という髙橋の思いだ。「こんな時なんだから、嵐が過ぎるまでしゃがみ込んで自粛しよう」という幹部たちとの溝はあまりに深く、埋めることができないほどだ。

（あの頃に、また戻ってしまうのか？　また、孤独になってしまうのか……）

様々な感情がこみ上げ、これからどうすれば良いか、髙橋の心の中は不安が渦巻いていた。

二〇二〇年のコロナ禍は、ダスキン福山にとって、そして髙橋自身にとって、思わぬ形での新たな試練のスタートとなったのである。

第2章

人との関係。理解したい、理解されたい、理解できない毎日

膨大な報告書の向こう側、隠れていた感情

髙橋は入社してから二十年以上もの長い間、心の中には常に孤独と不安を抱えていた。

それでも、会社でのコミュニケーションを見直しはじめて、ここ数年は非常に良い関係が築けたと思っていた。

特に会社の中枢である幹部社員たちとは、長年のわだかまりも解けて深く理解し合えたと思っていたのだが、それは表面上だけのもので、実はそうではなかったかもしれないと感じざるを得なかった。

こんな事実を、このコロナ禍の中で突き付けられてしまうことになるとは、髙橋はショッ

クを隠すことができなかった。

高橋は社会人としての一歩目を、東京のダスキンでスタートさせた。

父からは後を継ぐよう強制されたことはなかったのだが、『喜びのタネをまこう』というスローガンをはじめとするダスキンの理念には深い感銘を受けており、東京での就職の話があったときには「育ててもらった恩返しがしたい」という気持ちもあった。イギリス留学から帰ってきた後、二十四歳のときのことである。

最初にお客様のところへ向かう営業車に乗り込んだ瞬間を、高橋は今でもはっきりと覚えている。ここから自身の社会への恩返しが始まるのだ、と。やっと役に立てる日が来たと思い、高橋の心は高揚していた。

その後、大阪のダスキン本社・直営店でも勤務し、二十八歳のときに高橋は福山に帰ってきたのだが、ダスキン福山に入社して間もない頃から、「何か、うまくいかない」ともどかしさを感じることが少しずつ起き始めたのだ。

「高橋、もう帰ったら？　なんでそんなにがんばるの？」

社長の息子である高橋に気を遣いながらも、上司は声をかけた。

「いえ、まだ仕事が残っているので……」

残業や労働時間に関して今ほど世間では厳しく言われていなかった時代のことだ。このダスキン福山に入社する前と同じように、誰よりも全力で仕事をやり、いざとなれば誰よりも正しいことを言い、常に現状に満足することなく更なる高みを目指して髙橋は仕事に打ち込んでいた。自分ががんばれば、周りにも影響し、きっとみんなも違った仕事の次元に到達するはずだ、自分の存在によって世の中が理想の世界に変わっていくに違いない、そう思っていたのだ。そこには、同じ会社で働く仲間なのだから、ダスキンという理念を共有してともに働き、同じ頂点を目指して邁進していきたい、そうするべきだという思いもあった。

それなのに髙橋の目には、周りが全力で働いているようには映らなかった。

(もっとできることは、いっぱいあるのではないだろうか。工夫して、知恵や技術を共有していけば、いくらでもよくなるのに、可能性はたくさんあるのに。なんで、全力でやらないんだ？)

不安と苛立ち、そして温度差を感じつつも、髙橋は全力で働き続けていた。

髙橋は仕事に打ち込む姿を見せることで周りの人もついてくると思っていた。

反面、よく分かっていないことがあったのも否めない。それは人と人との信頼関係は、真面目にがむしゃらに仕事をする、ただそれだけで築かれるものではないということは後年になってわかった。しかし当時は、信頼関係は厳しい仕事の末に作られるものと思い込んでいた。そして四十一歳で社長になったのだが、そんな髙橋だったから何を言っても理解されず、何か知ろうと思っても心を開いて話してくれる人はいない、そのような状態が続いた。

髙橋はこれまで誰よりも真面目に仕事をしてきたはずなのだが、社員たちとの間に信頼関係はなかったのである。


「社長、あの、この報告書、何の意味があるのか、ちょっと、よく分からなくて……」

恐る恐る、しかし意を決した表情である女性社員が髙橋に尋ねる。

「報告書とは、報告して欲しいことを書くためのものです。全部記入してください」

「それは分かるのですが……、どうしてここまで、事細かに書かねばならないのでしょうか？あまり仕事とは関係ないと思ってしまいます」

「仕事とは関係ないこととは？　具体的にはどのようなことですか？」

「それは、例えばここの、体調崩して休んだアルバイトの、病状の経過って……。そこまで報告が必要でしょうか？　他の子が出勤してくれたから、お店はそれで丸く収まっているんです」

「もし、そのアルバイトさんが体調を崩してしまった経緯を、他の店でも共有できたら、どうですか？　小さなことでも事例の共有をすることは、組織の成長に繋がります。悪いことでも、良いことでも、些細なことを見逃さずキャッチしてみんなでどんどん学習していく姿勢は必要です。起きてしまった問題から学び、改善事例を全社で共有していくことで、会社はより良くなるものです。当たり前のことじゃないですか？　そうとは思わないですか？とにかく細部にわたるまで、すべてのことを報告してください」

髙橋の言葉に、その社員は「うっ……」と軽く声を上げ、一歩後ずさりした。彼女の目はうるんでいたが、髙橋には、なぜここで泣きそうになるのかが理解できない。

彼女は、全てを諦めたような顔になり、そして、ポツリとこう言った。

「……わかりました」

下を向いて、黙り込んでしまった。その後、彼女は髙橋に意見も何も言わなくなり、極力関わらないようになってしまった。

彼女だけでなく、常日頃から、社員たちが髙橋に何かを積極的に報告することはなかった。だからこそ髙橋は、社員たちのことや、自身の目が行き届いていない現場のことまで、きちんと報告書に書いて、社長である自分自身に伝わるようにしていた。

人は人の中で磨かれる。集団の中で相手がいるからこそ、成長することができる。お互いがその日暮らしで満足していては、何の成長も学びもない。そんなことでは生き残っていけない。将来的な発展などどうやって作り出すというのだ……。髙橋はそう思っていた。

全員が自分だけの自己満足をしていては、会社という一つの組織は成り立たない。そしてダスキン福山はそうではないはず、なのだ。

創業者・鈴木清一氏の言葉を、父もよく言ったことを、髙橋は思い出す。「針ほどのことを棒のようにみんなと一緒に喜ぶことだ。喜びを共に分かち合うことだ」と。

新しい出来事は部署を超えてみんなでワクワクしたい。髙橋はそう思うのだが、他の社員はそうは思ってない様子に、髙橋は疑問を持っていた。

新人が成長したことを喜ぶ声がお店から毎日上がってくるような、些細なことでもお互いを認め合い、喜びや嬉しさで満ちあふれた会社でありたい、と髙橋は思っていた。今日どんな発見があったのか、学びがあったのか、店が離れていても報告書やメールで共有することはできるはず。子どものときに感じていた「もっといろんなことができるようになりたい」というキラキラした気持ちを、大人になったからと言って忘れる必要などないのだ。喜びの連鎖を広げていくことで、全員の成長意欲が高まるはず。もっといい会社にしたいという気持ちや、もっと自己成長していきたい気持ちも湧いてくるはず……。

髙橋は家族のような会社をつくりたいと思っていた。家族のような会社とは、喜びも失敗も皆で分かち合うことができる会社だ。

それなのに一向に、社内で喜びも失敗も分かち合おう、そして成長していこうとする気配が感じられないのだ。わざとではないかと思うくらい、現場の様子が髙橋に共有されることはかなった。

どうして言わないのだろうか、なぜ嬉しいことを他の人と分かち合うことすらしないのか。こんな簡単なことさえできないで、膨大な現場の出来事を任せて本当に大丈夫なのか。

髙橋は疑心暗鬼になり、さらに全てをチェックし追及するようになっていったのである。やらないのは習慣がないからだと思った髙橋は、チェックする仕組みをつくって共有するしかないと考えるようになる。それで学習して、全員ができるようにまでやり続けよう、と決めた。報告をするという教育がきっと人を育てるに違いない。固く信じて、これしかない、と髙橋は愚直にやり続けた。

逆効果になってしまうとは考えもせずに……。


社員たちは、髙橋のことを煙たい存在と思った。髙橋をどんどん避けるようになった。髙橋も避けられているのが分かっているからこそ、もっと知りたいと思うようになり、ますます報告書に書かせる内容は増えていった。

内容が増えるだけならまだしも、納得しないことがあれば理由や今後の対策など、とにかく事細かに聞き出した。求めているのとは全く違う答えが返ってきた場合は、社員に対して厳しく

何かうまくいかない日々（社長就任当時）

注意を続けた。

社員たちにも、もっと上を、もっと上を、と向上心を持って仕事に取り組んで欲しい、その思いがしっかり伝わって欲しいと高橋は思っていたのだが、何も伝わってないように感じられてしまう。そして、高橋には社員たちにやる気がないように思えて、心の中で苛立たずにはいられなかった。

いつしか社長の高橋だけが蚊帳の外にいて、その内側にみんながいるのは分かっているのに、中に入ろうにも入れない、そんな状態が長く続いた。

どうにかしたい、とは思っていたのだが、どうすれば良いのか高橋には全く分からなかった。

《飲食事業部　部長 工藤》――工藤が大切にしたいもの

（まったく、豆のパッケージ変更の報告がなかったからって……、こんなに小言を言われなきゃいけないんだよ）

ダスキン福山、飲食事業部部長の工藤は家に帰ると、ぐったりとベッドに身を投げ出した。疲れてはいたが、体が疲れていたのではない。

コメダ珈琲では、コーヒーや他の飲み物のお供に、お茶請けとして小さな袋に入った豆を提供していた。その豆のパッケージが変わっていたことを、社長に何も伝えていなかったことで、厳しく注意されたのだ。

「パッケージが変わっていたことに、気付いてなかったんですか？」

「いえ、気付いてはいました」

「ではなぜ、報告がないんですか？」

「気付いてはいましたが……、それほど気に留めてはいませんでした」

「気に留めていない、それはなぜ？」

「それは……、いつものデザインがある日変わっただけですし、コメダホールディングスの方からも、通達などもありませんでしたし、現場でオペレーションが変わることもありませんし……」

「変更になったことに対して、どうしてそれほど無頓着でいられるんですか？　注文のあったドリンクと一緒に出すものですよね。パッケージが変更になったことで、ブランドのイメージが大きく変わる可能性だってあります。それなのになぜ、社長である私に伝えておこう、とは思えなかったのですか？」

「……」

会議ではこんな話が延々と続けられた。どう考えてみても、「パッケージが変わっていたんだね」「そうです、変わってました」で済む話にしか思えない。いつも細かいことまで報告を求める社長だから、と分かっていたとはいえ、さすがに、精神的に疲れてしまったのだ。

寝転がって天井を見上げた。工藤の頭の中では、いろんな思いが駆け巡っていた。確かにパッケージは変わっていて、それを報告していなかったのは事実としてあるのだが、工藤は当然、豆ばかりを見ている訳ではないのだ。もっと他の……、社長とは別のものを見ているし、社長とは違うものを大切にしたい。工藤はそう思っていた。


工藤はもともと、ミスタードーナツのアルバイトだった。

それまでは、工藤は何をしてもあまりパッとしないタイプだった。勉強でも、スポーツでも、目立つことはないし、何か特別な特技もない少年時代を過ごしてきた。

たまたま十六歳のときに働き始めたミスタードーナツで、工藤は「人に認められる」という大きな体験をした。ときに厳しいことも言うけれども、決して見捨てることのない副店長のもとで仕事を教わり、できる仕事が一つ、二つと増えていくと、周りのスタッフが喜んでくれる。そしてお客様も、ドーナツを買って嬉しそうな顔をして、その姿を毎日間近で見ることができるのだ。

全国的にミスタードーナツがどんどん広まっていくのと共に、工藤の仕事もどんどんやりがいのあるものとなっていった。もともとは「自分なんて大したことない」と思って自分を認められず、生活も自暴自棄気味で、働き始めてすぐのときは遅刻ばかりだった工藤だが、いつしか、「ミスタードーナツの店長になりたい」という夢を抱くようになった。確かに仕事は大変なこともあるが、店に行くとドーナツのいい香りがするし、様々な思いで働いている人や、ドーナツを喜んで買ってくれるお客様にも会える。一生懸命に働くと、それを認めてくれる人がいる。

それまでの工藤は、周りよりもすごいことをしようとか、優れた結果を出そうとか、そう考えてはいなかった。しかし、縁があって働き始めたミスタードーナツは、自分のことを評価してくれている、人生の情熱の炎をここで燃やし続けてもいい、もっと結果を出して誰よりも頑張りたい、そう思うようになったのだ。

だからこの先、どんなに辛いことがあっても、仕事を絶対に投げ出さない。工藤はそう心に誓った。

先代の社長と直接面接をして、社員として採用され、その後は飲食事業部のトップである部長まで任せられ、ダスキン福山という会社に工藤は心から感謝している。そうでなければ今でも工藤は、「子どもの頃から今まで、自分の人生、ずっとパッとしないよな」なんて思いながら過ごしていたのかもしれないのだから。

だが、ミスタードーナツで働き始めて人生が変わったのは、なにも自分だけではないと工藤は感じている。

アルバイトは初めてで、最初は緊張でドーナツを持つトングの手も震えていた子が、少しずつ成長していろんなことができるようになって、その度に嬉しそうな笑顔を見せてくれることもある。

慣れてくると今度は教える立場になり、自分でやることと教えることのギャップに戸惑いながらも、一生懸命に新人の立場になって説明しているスタッフの姿も見られる。

長く働いて店全体のことが分かるようになって、「この人がいるから、店は任せられる」というとても頼もしい存在になってくれる人もいる。

どうしてもパートやアルバイトが大半で、人の入れ替わりが激しい職場なのだが、以前働いていたスタッフが顔を見せに来て、「ミスタードーナツで働いていたことが、今の人生にたくさん役に立っています。この店でいろんな経験できたからこそ、今の私があります」と熱く語ってくれる人もいる。何十年働いていても、そんなスタッフの声が聞けることの方が、どんなドラマチックな映画を観るよりも工藤は感動してしまうのだ。

それはもちろんミスタードーナツだけでなくコメダ珈琲でも同じだ。一人一人のスタッフがいて、それぞれの思いがあり、それぞれの人の成長があってこそ店がある。ただコメダ珈琲の看板と建物だけがあっても店にはならない。たくさんの方にご利用いただき、店内にお客様の笑顔があふれているのは、現場で一生懸命になってくれているみんながいるからこそ。だから工藤も、一生懸命に仕事がしたいと思えるし、その結果として数字も上がっていくのだ。

（そうそう、私が見たいのは、私が大切にしたいのは、そういうことなのに社長は……）

工藤は歯痒い思いだった。豆のパッケージが変わった、その報告がなかったことについて、何十分も小言を言われたい訳では決してないのだ。

ダスキン福山の飲食事業部は経営的にもいい数字を上げている。この数字は、現場にいるみんながいるからこそそのものだ。社長は分からないのかもしれないが、忙しいときは秒刻みで予測不能なことが次々に起きるほど店内がバタつくことだってあるし、それでも皆がその一つ一つに、お客様に対して誠心誠意の気持ちが伝わるよう対応している。現場はいつも全力で仕事をしている。数字を上げるのは社長が思っている以上に大変なのだ。そう工藤は感じずにはいられなかった。

社長は「もっと上を目指せる」とは言うのだが、もっと数字を上げたいのであれば、山のような報告書よりも、大事にせねばならないものは他にあるはずだと工藤は思っている。

書類は業務上、作成するが、社長に何か言って面倒なことになるくらいなら、現場で本当に重要なことは、社長が深く関わろうとする前にもう自分たちでやっていこう。工藤はそう割り切って仕事をしていた。どこか心の内では、社長に何をやっても認めてもらえない悔しさと虚しさも抱えていた。

(社長とは、見えているものが違うんだよなぁ……。でも、社長は飲食の現場の経験者ではないし、仕方ないことなのだろうな)

そんなことをぼんやり考えていると、いつの間にか、工藤はベッドの上で眠りについてしまっていた。

第3章　変化を起こしたいのに、空回りの原因が分からない

愛していても、理解できないことがある

家路についた髙橋の足はその日も重かった。

（さて……、今日はこれから、どんな話になるのだろうか……）

会社では社員たちと分かり合えずに、内心ぐったりした気持ちで家に帰る日々。そして実は家でも、毎日のように、なかなか理解しにくいことが起きていた。

「ただいま……」

「あっ、おかえり！　さっき、久々に高校の友達に会ってね」

「うん」

髙橋の帰りに気付いた妻が話を始める。

「家の前のそこの通りを歩いてたら、ばったり会っちゃって」

「うん」

「何年ぶりだろう？　最後に会ったの、十五年くらい前かな？」

「ふーん」

「福山にずっといなかったんだって」

「そう」

「そりゃ会わないはずだよね」

「そうだよね」

「その友達、高校時代は吹奏楽部でね、フルートをやってたんだけど、今でもやってるらしいよ」

「うん」

「フルート、すごいよね」

「うん」

「でさ、それでね……」

　このようにして、重要なのか、重要でないのかよく分からない妻の話が、帰宅と同時にスタートして延々と続いていく。玄関先から家の中に入ってからも、何か別のことをしているときも、一緒にご飯を食べている最中も。お風呂に入ろうとすると追いかけてまで、さらに話が続いていくことも日常茶飯事だった。なぜ、こんなに他愛ない話ばかりするのだろうか。「もう、いいから、わかったから」などと返そうものなら「なんで聞いてくれないの」とへソを曲げられてしまうのは目に見えている。髙橋は家では、ゆっくり静かにすることで明日に備えたいのだが……。

会社では社員が大事なことを話してくれないのだが、それと相反するかのように、家ではほぼ毎日、妻のあまり大事とは思えないような話がずっと続いていた。心から愛する妻の話なのだが、結論どころか次の展開も全く見えないおしゃべりを聞き続けるのも、なかなか疲れるものである。

取り敢えず、聞いておいた方が良いのかと思い聞いているのだが、

「ねぇ、聞いてるの、話？」

「聞いてるよ」

「いや、聞いてないいんじゃないのかな」

「そんなことない、さっきから聞いてるよ」

と、度々「聞いてない」と言われてしまう始末。

後になって、妻がこれだけ話をしていたのも、ちゃんと理由がわかるのだが、この時は家

では静かに過ごしたい、というのが髙橋の本音だった。

自分が落ち着ける居場所は、どこにあるのか？

「おくれ　約四十二分」

駅の電光掲示板の表示に髙橋は思わずため息をついた。傘をさして駅まで歩いて来たが、あまりにも雨が強かったので、スーツの肩周辺やズボンの裾はぐちゃぐちゃに濡れている。追い打ちをかけるように、少し早口の駅員のアナウンスも聞こえた。

「大雨のため、上り下り線共に電車が大幅に遅れています。さらに遅れが生じることもあります。お急ぎのところご迷惑をおかけしております……」

時刻は夜七時を過ぎた頃で、冷たい雨が降り注いでいて真っ暗になっている。駅の中は、髙橋と同じようにため息交じりの人ばかりだ。

（あーあ、電車を待っていたら、福山に帰り着くのは、一体いつになることやら……）

天気予報で夜は雨になるとは聞いていたが、まさかこれほどの豪雨になるとは。

電車が到着しても徐行運転になることも予想される。このままだと帰宅できるのは夜十時を過ぎてしまうかもしれない。それでも家に帰るか、それとも今からこの駅周辺で泊まれるホテルを探して一泊した方が良いのだろうか？　そんなことを考えていると、ふと、果たして私は、家に帰りたいのだろうか？　と髙橋は疑問になった。

我が家に帰ると、愛する妻と子どもがいる。けれどもそれは、家のドアを開けるのと同時に妻の話が延々と続いていく苦痛と隣り合わせなのだ。遅い時間に帰宅して、妻の話をずっと聞き続けていられるエネルギーが、自分に残っているかどうか。髙橋にはその自信がなかった。

どちらにしても電車はすぐには来ない。髙橋はいったん駅の中のカフェに入って、この後どうするか考えることにした。一人用の席の小さなイスに座ってコーヒーを飲んでいると、家よりも、会社よりも、こうして過ごす時間の方がよっぽど落ち着ていられるように思えてきた。家族は愛しているし、会社では社長なのだが、それとは別に一人になる時間は必要だ。

髙橋は福山を離れ、社内教育に関する研修を先ほどまで受けていた。髙橋は仕事に対しては向上心を持って取り組むべきだと考えているし、学ぶことは好きなので、社長になった後も学びを続けていた。その範囲は多岐に亘る。

ただ、学んだことをシステムとして取り入れて、社員それぞれの役割を明確化し、これからダスキン福山は会社としてさらに高みを目指して行こう、と思うのだが……、社員が誰もついて来ようとはしないもどかしさを感じていた。

今回の研修での教育システムに関する話も、とても素晴らしいものだと髙橋は思った。実際に社員たちの意識ががらりと変わり、新入社員の採用でも大きな効果を上げ、業績を上げることにも成功した企業の話も直に聞くことができたし、そのような企業に続いていきたいものなのだが、ダスキン福山の社員たちが話を聞いてくれるかどうかが気掛かりである。

常日頃から、幹部たちに何か言ったときも、「はい」という返事はある。ただ、その「はい」が納得したからこそ言う「はい」なのか、取り敢えず言っている「はい」なのかは、聞いていて分かる。髙橋に対して言う「はい」は、後者ばかりにしか思えなかった。

髙橋の仕事の代行ができる幹部を育てて仕事を任せて、「社長、現場は心配しなくて大丈夫なので、もっとこのダスキン福山だからこそできる新しいことに取り組んでいきたいんです！」という声を上げてくれてもいいように髙橋は思っていた。「喜びのタネをまこう」というスローガンのもと、社会に貢献できることは無限大にあるに違いない。確かに幹部たちも社員も一生懸命に仕事をしているのは分かるのだが、もっと前のめりに、さらに積極的な姿勢で、新しいことにチャレンジしてみようとは思えないものなのか……。

「お尋ねしたいのですが、今から一部屋、予約はできますか？　……はい、今日です。一人です……」

近くの席から、ホテルに問い合わせていると思われる電話の声が聞こえて、髙橋は我に返った。今日の朝、家を出たときは「研修で学んだことは早速取り入れて、さらに会社を大きく発展させていくんだ」と意気込んでいたはず。それなのに大雨のせいもあってか、気付けば会社で社員たちに自分の思いが全く伝わってないことへの不満と不安が、頭の中でグルグル渦巻いてしまっていた。

一泊するなら早めに決めてホテルを探した方が賢明だろう。同じように急遽この駅周辺で宿泊することを決める人が多くいて、どのホテルも満室ということにもなり兼ねない。妻には電話を入れて、事情を説明しておこう……。髙橋は携帯電話を取り出した。

間違ったことをしている訳ではないのに、むしろ向上心を持って誰よりも真面目に仕事に取り組んでいるはずなのに、気付けば公私共に、本当の居場所が自分にないような思いを髙橋は常に抱えていた。

なぜ、こうなってしまったのだろうか。

一体いつまで、このもどかしさは続いていくのだろうか。

短冊に書かれた、息子の願いごと

ある年の七夕のこと。

妻が長男のことを髙橋に話しかけてきた。

「ねぇ、幼稚園の七夕の短冊に、お願いごと、何て書いたと思う？」

「うーん……」

「当ててみて」

「うーん……、全く見当がつかない、分からないな」

そんなやり取りをしばらく続けた後、にっこり満面の笑みで、妻は髙橋にこう言った。

「本人に直接、聞いてみたら？」

髙橋は長男に聞いてみた。

「ねえ、お願いごと、何て書いたの？」

三歳の息子は、髙橋を見てニッと笑った。そして一瞬考えた後、突然思い立ったかのように、他の部屋に走っていく。

何をするのだろう、と思って待っていると、息子は自分が書いた短冊を手にして戻ってきた。なんだか誇らしげな顔をしている。

「これ、読んでもいいのかな？」と聞くと、誇らしげな表情のまま「うん」とうなずいた。まだ字が書けるようになって間もない息子なのだが、短冊を見ると、そこには確かに、こう書いてあった。

「ぱぱのあと、しゃちょうになりたい」

髙橋も思わず、にっこりと笑顔になった。

「社長になりたいの？」と聞くと、息子はこう答えた。

「うん、だって、パパ、かっこいいもん！　ぼく、パパみたいになりたい」

「よーし、分かった。きっとパパみたいになれるぞ。楽しみにしているからな」

髙橋はそう言って、息子の頭を撫でた。息子は、満足そうな表情になった。

半分冗談で妻は「いや、社長よりも弁護士や医者になった方がいいわよ」などと三歳の息子には到底理解できそうにない話をしたが、その後何年も経って成長してからも、息子の「将来の夢は父の跡を継ぐこと」という思いがブレたことはない。

そんな息子を見ていると、髙橋は二代目社長として、これからどうあるべきなのか、度々考えさせられるのだ。

父である先代から受け継いだこの会社を、自分は守らねばならないと髙橋は考えている。

経営がきちんと回っていることは必要最低条件として、この会社を息子に任せるためには、どのような状態で譲り渡すべきなのかについても考えざるを得ない。

社員たちはきちんと仕事をしてはいるけれども、社長の声は全く届かない、そのような会社で息子に「お前が社長になりたいと言ったのだから、孤独で不安でも今日からお前が社長だ」と言う訳にもいかないのだ。

社長の思いが社員に伝わり、社長の話に耳を傾けてしっかりと聞いてくれて、なおかつ社員からも積極的な声が社長のもとにどんどん届く、息子に渡したいのはそのような会社だ。息子も、そして働いている社員も心から誇れる会社にしたい、と髙橋は考えている。

そうであるためには、自分はどうすればいいのだろうか。髙橋には、分からなかった。

このままでは、社長である自分だけが何をしても伝わらず、空回りしているようで虚しいのだ。いつまでもこの状態を続けて良い訳がないのは確かだった。

藁をもすがる思い。だから、愛する妻と歯車が嚙み合わなかったのか！

そんな、公私共にギクシャクしてばかりの状況を打破するきっかけとなったのは、ある研修を紹介されたことだった。髙橋は様々な研修に参加していたので、そのときも「興味を持ったから勉強してみようか」ぐらいの気持ちに過ぎなかった。

しかしすぐに、「ここで学ぶことで、きっと今の虚しい、苦しい状況から抜け出すことができるはず。新たな世界と希望が見える扉を開いてくれる違いない」という確信に変わっていった。

何十年もの間、人知れず孤独を抱えていた髙橋は、藁をもすがる気持ちでその勉強会に積極的に参加するようになっていた。

この勉強会は、仲村恵子という女性が主催している。

恵子さんは、かつては自分で会社を経営し、昭和の軍隊式経営で猛烈に働き、猛烈に成果を上げていたのだが、業績が上がっても何か心が満たされる事がなく、これを繰り返しても幸せにならないと気づき、学びの道に入った人である。

世界中のメンターの教えを受け、仕事と幸せの両立を手に入れる方法を発見し、それを長年にわたり多くの会社に教えている。機能不全を起こしかけていた社内の人間関係を改善して、幸せな経営に導いているのだ。

恵子さんから、学び始めてすぐの頃、髙橋にこのような質問があった。

「コミュニケーションは、うまくいってますか？」と。

シンプルでストレートな質問すぎて、もっともな返答でうまく取り繕うようなことができず、髙橋は正直に答えるしかなかった。

「コミュニケーション、ですか……。いえ、とてもとても、うまくいっているとは言えません。会社でも、そして家庭でも。まず、会社では私の話が伝わっていません。家庭ではまた状況が全く違って、妻の話が延々と続いていくのです。それを聞くのも大変だからエネルギー切れを起こしてしまって、さらには妻から『あなたは私の話を聞いていない』なんて言われてしまっているんです。会社でも家庭でも心が休まらず、心底疲れ切ってしまうこともしばしばです」

「そうなのですね。お話から察するに、奥さまは人から何か話しかけられることがなくても、自分からどんどんお話しされる方ですか？」

「そうです、まさにその通りです、よく分かりますね。実は、『私はこんなに話をしているのに、あなたはちっとも受け入れてくれない、いつもそうじゃないの』なんて言われてケンカになってしまうこともあるんです。いえ、私は話を聞いているんです。妻のこともちゃんと受け入れて、愛しているんです。それなのに、なぜこんなことになってしまうのか……」

「それではまずは、それぞれの人に備わっている、生まれ持った性質のことを理解するところから始めましょうか。そうすればきっと、奥さまのことも、ご自身のことも今まで以上によく分かって、さらにはすごく楽になれるはずですから、ね」

恵子さんは続ける。

「奥さまに話しかけられて、どうしても、自分がしっかり話を聞ける気がしないな、と思うこともあると思います。そのときは、自分の顔の近くで手のひらを軽く見せて、ちょっとストップをかけるような仕草をしながら、『少し待ってね、後で聞くからね』と言ってみてください。ジェスチャーがないと、奥さまのお話の勢いを遮ることは難しいかもしれませんからね。でも、そうして自分の気持ちを伝えることも、とても大切なことなんですよ」

恵子さんはにっこりと笑った。

このワールドユーアカデミーで学ぶようになって、髙橋が初めて分かったことがある。妻は、身近にいる人にどんどん話しかけて会話をすることで、自分の中のエネルギーを高める性質がある、ということだ。彼女が夫である髙橋に話をするときは、意味のある会話をしよう、成果を出すために会話をしよう、というような、目的がある会話であるとは限らない。エネルギー切れを起こしそうなときほど、妻は誰かと話をすることで自分のエネルギーを補充しようとする性質なのだ。髙橋に話をすることで疲れを吹き飛ばして、力を満たそうとするし、会話のキャッチボールが楽しければ、次の日をエネルギッシュに過ごせるだけの活力が湧き上がってくるのが、妻なのである。

ただ、髙橋は真逆だった。つまり、一人になることで自分の内側からエネルギーが湧き上がってくる性質なのである。誰かと話をするときにはそこに意味を見出そうとするし、だからこそ会話にエネルギーを使ってしまう。


ある日の夜、髙橋は普通通りに帰宅した。そして妻はいつも通りに話しかけてきた。

「お帰りなさい。明日、寒くなるんだってね」

「そうだね、天気予報でそう言ってたね」

「あ、昨年買ったマフラー、出しておこうか？」

「まだいいんじゃないかな」

「紺色のマフラーね。今年の冬は、雪は積もるのかなあ」

「本格的な冬はまだ先だから、どうだろうね」

「雪が積もると、仕事に行くのも大変ね」

「確かにね」

「でも、雪って、ウキウキしない？」

「うーん……」

「寒い中雨が降るよりも、もっと寒くなって雪の方が、素敵だと思うな」

「まあ、そうかもしれないね」

「そうそう！　素敵なことって言えばさ、朝のことなんだけどね、聞いてくれる？」

どんどん話題が変わっていくな、ついていくのが今日も大変だ、と思っていたときに、高橋は恵子さんからもらったアドバイスを思い出した。そう、きっとこういうときに使うのだ。

髙橋はそっと妻の前に手のひらを見せて、ストップをかける仕草をした。

「あ、ちょっと待ってね。後で聞くからね」

一瞬、「後で聞く」なんて返したから、妻は「なんで話を聞いてくれないの」と言ってまたケンカになってしまうかもしれない、と思ったのだが、髙橋の対応を見て、妻はこう言ったのだ。

「そう、じゃあ、私も家のことでもう少ししたいことがあるから、そっちのこと先にやってようかな。また話せるようになったら声かけてね」

あ、そういうことだったのか、と髙橋は思った。今まで髙橋は、妻の話だから、どんなに疲れていても全部聞かねば、全部聞かねば、と思って毎日過ごしていた。けれども、自分自身の「ちょっと待って欲しいな」という気持ちを伝えても良かったのだった。なんだか呆気ないような気もしたが、たったこれだけのことに気付きもせずに、こんなにも長い間、悩み続けていたなんて……。

自分の中で、今なら話を聞けるな、と思うタイミングをきちんと伝えていいことがわかった。妻は話すことでエネルギーを高めていることもわかった。妻は自分との話を楽しみたいのだと分かって会話をするので、髙橋も気持ちの余裕を持って聞くことができた。

これまでのように「本当は疲れているんだけどな」という自分の本音を心の内に押し込めて、無理を重ねて話を聞けばそれで良い、というものでもなかったのだ。

そして妻からある夜、髙橋はこんな言葉をかけられた。

「あなた、最近、私の話をちゃんと聞いてくれて、本当に嬉しい」

第4章 それぞれの思いが伝わる。これから大きく動き出そう！

自分でも分かっていなかった、現実をつくり出しているもの

妻との関係も良好になり、家庭が心を休めることができる場所になった。子どもたちも立派に育っているし、妻には感謝しかない。髙橋は今までにない幸せを感じていた。

大きなきっかけとなったワールドユーの研修は自分自身に必要だと感じて、髙橋はさらに学び続けていた。

次は、会社の問題だ。

そしてその問題の根源は、髙橋自身の心の中にあることを知る……。

ワールドユーアカデミーの教えの中で、重要な位置を占める内省内観のプログラムに参加した。これまでのことを振り返り、自分自身のことを深く深く見つめることで、この先の未来に繋がってくる、という内容だ。

実は髙橋は、小さい頃はとても病弱だった。プールも小学校四年生までは見学、小学校一年生のときは一時期、毎日のように学校でお腹が痛くなって、自分で家に辿り着くこともできず、おばあちゃんにおんぶされて帰る日々が続いていた。

家に帰っても父はほとんど家にはおらず、家族でどこかに遊びに行くことも滅多になく、学校では皆が当たり前にしている行動を、同じようにできない。

当時の髙橋は家でも学校でも、寂しい思いをずっと抱えていた。年齢を重ねるごとにお腹が痛くなる症状は出なくなり、その後は高校まで福山で過ごした。

内省内観で、恵子さんの導きを得てさらに自分自身のことをじっくり振り返っていくと……、髙橋は長い間記憶の奥の方に封じ込められていた、小学生のときの、とある出来事を思い出したのだ。

病弱で寂しい思いをしていた髙橋は、家で鉢植えを大事に育てていたことがある。鉢植えは小さな花を咲かせ、髙橋はその花を見て感動していた。

けれどもある日、今となっては原因ははっきりとは覚えていないが、おそらく父の言うことを聞かない、というようなことか何かがあったのだろう。怒った父が、その小さな花が咲いた鉢植えを勢いで割ってしまったのだ。当然、花はグシャグシャになり、何をどうしたところで、割れた鉢を元に修復することなどできない。

あまりのことに、幼い髙橋はその小さな胸は悲しみでいっぱいになってしまった。

（どんなに大切なものでも、突然壊されることもあるんだ。そうなってしまったら、自分の力じゃ、どうしようもできないんだ。どんなに一生懸命訴えても、自分の気持ちや話は聞いてもらえないし、相手にもされず受け入れてもらえない。僕はなんて、ちっぽけで無力なんだろう……）

病弱だった幼少期

子どもの髙橋の前には到底受け入れがたい事実が突き付けられ、大きなショックを受けた。当時の髙橋はひとりぼっちで打ちひしがれるくらいしか、できることはなかったのだ……。

この内省内観の研修は、幼い頃の出来

事を思い出して、それで終わり、ではない。

恵子さんから髙橋に、このような話があったのだ。

「いつもはすっかり忘れているような、胸の奥に仕舞い込んでいる思い出や感情が、今の目の前の現状をつくり出しています。特に経営者の方は、自分では気付いていない心の状態が、そのまま会社の状態になっています」

髙橋はこのときまで、ワールドユーの研修に通っているにも関わらず、研修の内容と、自分の会社のことを、あまり結び付けて考えることがなかった。確かに研修に参加してから、長年頭を抱えていた妻とのコミュニケーションもすっかり解決されて、家庭は安心できる楽しくて大切な場所になった。研修に参加することで、自分を今以上に高められると思っていたのだが、一方で学べば学ぶほど（他の社員たちは、自分と同じような意欲はきっとないのだろう）という思い込みが強くなり、あきらめてしまっていたのだ。

自分の心の状態が、そのまま会社の状態になっている……。

真っ先に思い当たったのは、毎週の会議だ。髙橋は社員たちに業務の細かいことまで書類にまとめて提出させた。そうせねば、社員たちから自発的な報告がないからだ。

そして、会議の場で、気になった点についてはきっちりと説明させ、納得できる答えが返ってこなかったので、徹底的に追求し、厳しい言葉をかけた。

会議中、そして会議が終わった後もしばらくは、どんよりとした空気が漂った。仕方がないのだ、社員たちに、成長しようという意欲が見られないのだから。

まさか、この状態がそのまま、自分の心の状態、ということなのだろうか？

幼い頃の感情を、髙橋はまた、振り返って思い出してみる。自分は、どんなことを感じていたのだろうか？　もう、遥か昔のことになのだが、あのとき、髙橋が人知れず心の中で感じていたことは……。

不安。

寂しい。

みんなと同じことが、できない。

ひとりぼっち。

無力で、大切なものを守る力もない。

誰も僕のことを、分かってくれない。

髙橋は表向きには、とても自信があるように振る舞っていたし、自分でもそう思っていた。成長意欲であふれ、誰よりも結果を出してやるという気持ちで、入社してから今まで働いてきたのだ。

ただ、こうして振り返ってみると、心の奥では、それとは真逆の「自信のなさ」と「不安」をずっと抱えて生きてきたことに気付いたのだ。

会社としてさらに上のステージを目指していきたい、社員たちにも向上心を持って仕事をして欲しい、と思っているのに、（でも、この気持ちは、きっと誰にも分かってもらえない）と心の中で勝手に決めつけていた。だからまた、膨大な量の書類を書かせては、自分が納得できないことに対して社員に厳しく言う。

こんな先の見えない悪循環の原因は、今までは、社員たちの意欲のなさだと思っていた。

しかし、こうして内省内観をしてみると……、そうではない、ということなのだろうか？

悪循環の、本当の原因。

それは、実は髙橋が自分自身でも気付いていなかった、心の状態だったのだ。

不安で自信がなく、孤独を抱えていた心の奥底の感情が、「誰も分かってくれない」という思考となって表れ、自分がずっと孤独であり続けていくような行動を、自分でも気付かないうちに続けていいたに過ぎなかったのだ。根付いた不安と孤独が、人とつながれない、人を信用できない、という現状を生み出していたのだ。

自分自身のことなのに、これまで気付けずにいたとは……。

内省内観を行うことで、髙橋は会社が悪循環に陥っている真の原因に気付くことができた。

そしてその先には、その問題を解消するプロセスも待っていた。

内省内観のプログラムは、屋久島での研修で行われた。屋久島では切り立ったモッチョム岳の登山にも挑戦する。なぜ登山なのか、そこに答えがあった。

あまりに過酷な山道と思い通りにならない悪天候で、挫けてしまいそうにもなる中、多くの人が手を差し伸べ合うことで、無事に、頂上まで辿り着くことができる。会社や立場を超えて、大自然の中で一人の人間として、語り合い手を差し伸べ合い、信頼していい仲間という存在はあるんだと髙橋は真に気付くことができたのだ。

過酷な登山と、神々が宿ると言われている屋久島の大自然が、髙橋の心を静かに、そして素直にさせてくれた。

このような経験をすると、心の奥底にあった（僕はずっと、ひとりぼっちなんだ）という気持ちは、単なる思い込みに過ぎず、大人になった今ではその思い込みに縛られる必要など一切ない、ということが分かった。

モッチョム岳の頂上から雄大な景色を眺めた。

全てが晴れ渡って見えた。

目の前を一羽の白い鳥が飛んでいく。

自由だ……、重かった心が解放される。自分を、仲間を信じていいんだと、心の奥が温かくつぶやいていた。

髙橋は心に決めた。

次は、幹部社員たちと一緒に、この屋久島の研修に来るのだと……。

突然の山登り。そして、号泣したありきたりな言葉

工藤が、髙橋から声をかけられたのは、あまりに突然のことだった。

「山登りに行くぞ、これは業務の一環だ」

何やら清々しい顔で笑って言う髙橋であるが、なぜ山登りなのか、工藤はさっぱり意味が分からなかった。山登りが決して嫌いな訳ではないのだが、仕事として時間を割くのであれば、ミスタードーナツやコメダ珈琲の店舗の業務をしっかりとやりたいのに。

同じように声をかけられた幹部社員に聞いてみても、「自分も突然言われたので、事情が全く分からないですね。なんで山登りなのか……」と不思議そうな顔をしていた。

とにかく、言われた日にちに、言われた通りに準備をして、屋久島に向かうこととなった。

しかしそこで、不思議な体験をすることになる……。

本社と店舗以外ではほとんど会わない髙橋と幹部社員と、こんなに遠い場所に来るだけでも、非日常の世界に共に足を踏み入れた一体感があって、新鮮な気持ちになった。限られた場所で仕事をしているだけでは毎日同じような顔しか見ることはできないが、何気ない会話をするときの顔も、ふとしたことで笑う顔も、いつもと違って見える。

屋久島の、キラキラした太陽の光を反射してライトグリーンに輝く山々の緑。その柔らかい色で、この世の中に存在している全てを受け止めてくれているようにも見えた。

研修として山に登る。工藤は深く考えることなく「ある種のオリエンテーション的な登山」だと捉えていた。

しかし、そんな簡単なものではなかった。あれほど険しい山に挑戦することになるなんて、現地に着くまでは想像すらしていなかった。

「山頂があんな高い所に見えますね……、これはなかなか、大変になりそうですね」

険しい山道を歩きながら、工藤は何気なく、一緒に屋久島に来た別の幹部に話しかけた。返って来たのは短い言葉だ。

「あぁ……、そうだな」

あれ、やけに反応がないな、と工藤は思い歩いている姿をよく見ると、肩のリュックサックがかなり重そうだ。

「あ……、荷物、持ちますよ」

そう声をかけただが「いや、いい」と断られてしまった。職場でもとても厳しく、周りに弱音を見せることなど一切ない人だ。本当は辛いのに工藤の言葉に対しても身構えている。だが、どう見てもきつそうだ。これでは体力がもたない。

「いえいえ、大丈夫ですよ、そこは遠慮せずに」

「いやいや、いいから、まったく」

「でも……」

一度は言葉を飲み込んだのだが、しばらく歩いている様子を見ても、相変わらずきつそうだ。

「やっぱり、荷物、持ちますよ」

そう言うと、やっと、工藤に荷物を手渡した。顔を見ると、心底ほっとしたような表情を浮かべている。これほど素直な姿は、工藤は今まで見たことがなかった。

山を登る中で、お互いに思いやりの心が生まれていく。

体力がある人だけが真っ先に頂上に行くのではなく、ゆっくり歩く人に合わせて、ときには休憩も入れながら、一致団結して確実に歩みを進めていく。

そして、ようやく頂上に辿り着くと、とても言葉で言い表すことはできない感動がそこには待っていた。本当にきつかったけど、それでも登ってきて本当に良かった、と思える絶景があったのだ。

「助けてくれて、ありがとうな」といつもは絶対に聞けない言葉をかけられ、山の上から景色を見下ろしながら、ここまで協力し合ったメンバーでおにぎりを食べたことは、工藤にとって他で味わうことの絶対にできない特別な思い出となった。

それだけではなく、本当は頂上に辿り着くまでの過程も、この絶景と同じくらい素晴らしい体験なのだということも皆、心で感じていた。

「頂上まで辿り着く」という共通の目標に向けて一歩、また一歩と動き出したからこその、感動の体験があるのだ。一瞬一瞬に実は意味があり、その全てが輝いていて、それまでの積み重ねがあったからこそ、なおさら大きな感動を皆で分かち合うことができるのだ。

同じ瞬間を過ごす中で同じように感動すると、心の距離が一気に近くなったように感じられた。もちろん、一緒に山に登ってきた髙橋との心の距離も。

髙橋が突然、屋久島での研修に誘った理由が、工藤は納得できる気がした。きっと、幹部たちと一丸となる経験が、ダスキン福山には必要だと思ったに違いない。

そして屋久島では、山頂からの景色や、そこに到り、再び自分たちの足で山を下りて行くまでを含めた一部始終の体験以上に、心が震えるような出来事があった。

研修の一環として、参加者がお互いに日頃の感謝の気持ちを伝える、というワークがあったのだが、短い言葉を伝えるものなので、それほど大掛かりなものでは決してない。

順番が回って、髙橋が工藤に、一言を伝えるというシチュエーションになった。

幹部に対して日頃は「報告がない」「分かっていない」という言葉ばかりの髙橋のことなので、どうしても少しぎこちない感じにはなっている。そんな、いかにも不完全な様子の髙橋を工藤は初めて見た。そして工藤に向かって、髙橋がみんなの前で、話し始めた。

「工藤部長、ありがとう。ほんとうにがんばってきたね。工藤部長のやってることはすごいよ」

ぎこちない髙橋の言葉は続く。

「ダスキン福山の事業の中でも、大きな柱である飲食事業部ですが、お店ではいつもお客様の笑顔があふれて、きちんと利益や数字の結果も出せています。それがしっかりできているのは、他の誰でもない部長がいてくれるからこそです。普段はなかなか伝えることはなかったですが、いつも本当にありがとう」

最初は淡々と髙橋の言葉を聞いていた工藤なのだが……。

胸の中で一気に湧き上がってくるものがあり、涙を止められなくなってしまったのだった……。

長年耐えてきた、その思いとは？

一度涙が流れると、ありとあらゆる思い出と感情が、工藤の内側からあふれていく。

（やっと、分かってもらえた……）

これまで工藤は社長は何も分かってくれない、と想い続けてきた。


例え話にはなるが、目の前に「ドーナツって何か分からない」という人がいたとしたら、工藤はきっと、実際にドーナツを見てもらって、そして食べてもらうことを考える。

ミスタードーナツの商品の中でも、シンプルなオールドファッションを選び、「生地を揚げてつくるお菓子なんです。熱が通りやすいように穴が開いているのがもともとのドーナツの形なんですよ」なんて話をし、「ミスタードーナツでは、周りにチョコレートのコーティングがあるものや、穴じゃなくて中にクリームが詰まっているもの、また季節や期間限定のオリジナル商品など、たくさんの種類のドーナツがあって、お客様に楽しんでいただいています」そんな説明もするかもしれない。

そして目の前の人が「美味しい」と言ってくれたら、「ありがとうございます、一店一店、そのショップのスタッフが、手間ひまかけてつくっていますから。しかも、できたてなんですよ」そんなことも話すかもしれない。

ドーナツのことを全く知らない人に口頭だけで説明しても、伝わらない。やはり現物を見て、食べてもらえない限りは、ドーナツのことは分かってはもらえない。

それと同じように、これまで工藤は何十年も、いくら社長に話をしても、書類にまとめても、他の手段もつかっても、「社長は何も分かってくれない」という想いを感じ続けていた。工藤は、仕方がない、社長はミスタードーナツの現場での経験がないのだから、と諦めていた。ドーナツの現物を知らない人にドーナツの話をしても伝わらないのと同じだ。

工藤は店長になってすぐの頃、朝六時から夜十一時まで働くこともしょっちゅうあった。長時間労働でも、決して嫌々働いていた訳ではない。若くして、五〇人ほどのアルバイトがいるショップを任されたのだ。そして、どんなに大変でも、みんなで一緒になって働ける楽しさが店にあった。ミスタードーナツなら、やったらやっただけ結果が出るから、それに応えたい、だったら店長である自分が一番働いて背中を見せて行こう、そう思ってひたすら走り続けてきたのだ。

辛かったことや人知れず悩んだこともある。それなのになぜ、会社を辞めなかったのか。それ以上に、周りの人に必要とされて嬉しい気持ちや、やり甲斐の方が大きかったからなのだ。

それなのに、社長の話は、「現場のことが分かっていれば、そんなこと絶対に言わない」というようなことばかりに聞こえてしまう。社長にも、現場のこと、現場で働いている人たちのことを、分かって欲しい。でも、分かってもらえない、仕方ない……。

それが、この屋久島で、何十年間もかけてもらえることのなかった「ありがとう」の言葉が返ってきた……。

静粛な空気が立ち込めている研修室で、心の奥底に無理にしまいこんでいた思いは涙に変わり、次から次へと工藤の頬を伝っては流れていく。

「ありがとう」のたった一言で、もう、充分だったのだ。

泣くな、みっともないとか、そんなことを思う余裕さえなく、工藤は自分の涙をどうすることもできなくなっていた……。

そんなの、当たり前。でも、違っていたと気付かされた屋久島の夜

「工藤部長、ありがとう。ほんとうにがんばってきたね。工藤部長のやってることはすごいよ」

髙橋は、みんなの前で工藤への感謝の言葉を言ったとき、きっと工藤は当たり前のように、よく聞くありふれたフレーズとして受け止めるだろう、と思っていた。たどたどしいながらも大袈裟な表現を使うことなく、どこにでもありふれているような言葉で話をしたに過ぎなかったからだ。

けれども工藤が突然、号泣し始めたのだ。そして一言、絞り出すように、こんな言葉が返ってきた。

「社長にありがとうって、初めて言われました……」

その日のプログラムが終わって髙橋は部屋に戻り、夜になって窓の外を見つめた。真っ暗な空には明るい月が出ていて、地上に降り注ぐように星が輝いていて、森の全ての生き物たちが翌朝に向けて、静かにむくむくとエネルギーを貯めているようにも感じられる、とても神秘的な夜だった。

工藤の涙を思い出していると、「あぁ、そういうことだったのか……」と、幹部や社員たちに申し訳なかったという気持ちがあふれてきた。

確かに飲食事業部でしっかり仕事をしている工藤への感謝の気持ちはいつもあったのだが、「でも、それが仕事だから当たり前」と思う気持ちもあり、わざわざ「ありがとう」と伝えることもなかったのだ。それよりも普段伝えていたのは、「なぜ報告がないのか」ということや、「現状に満足しないこと、ダスキン福山はさらに上を目指します」ということばかりだった。

それでは、心の通ったコミュニケーションを取ることなどできないのだ。

当たり前の「ありがとう」の言葉を、丁寧に、誠実に伝えていく、そんなシンプルなことこそが、とても大切なことなのだ。だが、当たり前すぎて気付けずに、髙橋はこれまでわざわざ社員の心を遠ざけてしまうようなことばかりしてきてしまった。

山のような報告をさせて会社や社員の全てを分かろうとしても、それで社員から信頼されて、心の内を全て見せてくれることはない。大袈裟な言葉でなくても、たった一言だとしても、ありがとう、と思ったことに対してはありがとう、と伝える。そんな単純なことを忘れてはならなかったのだ。

今更ながら気づいた自分が恥ずかしくも思えた。

何十年も孤独を抱えて生きてきた髙橋だったが、ようやくそこから抜け出す大きな手掛かりを、屋久島で得ることができたのだ。

第5章 カナダの研修で突き付けられた問い。どの方角に進むのか？

「社員は大切な家族だ。頼むぞ」という言葉

「工藤部長、今度はカナダでワールドユーの研修がありますけど、一緒に行きますよね？」

髙橋から声をかけられたとき、工藤は「もちろんです」と答えた。

工藤の心の中では、屋久島の研修での感動もまだ残っていた。まさか、屋久島で号泣してしまうなんて、研修が始まる前は想像すらしていなかった。

ただ、あの出来事がきっかけとなり、屋久島の研修の後には、髙橋は様々なことに対して「ありがとう」と声をかけてくれるようになったのだ。

それだけでなく「実は私も仕事で悩むことがよくあるんだ」という本音の話をしたり、何

かあれば「あ、私がこれは間違ってた、すまんすまん」と髙橋が謝るようにもなってきたのだ。屋久島で山登りをしたときの一体感を、そのまま福山に持ち帰って仕事ができるようになっていた。

そうなると、周りの人も髙橋に話をしやすくなるし、話も聞きやすくなるものだ。

以前は会議の度に暗い空気が立ち込め、周りの社員を見ても、ほんの僅かな笑みさえ浮かべておらず、何とも言えないぐったりとした気持ちになっていた。

今では会議では皆が、伝えたいことはきちんと言うことができている。それでいて、誰かを責めたりはしない。非常に前向きな気持ちになれる会議ができるようになっていた。

もちろん工藤も、髙橋に対して、思っていることをきちんと伝えられるようになっていった。

そう言えば、新しい社長へと交代する就任式のときに、創業者である前社長はこのような話をしていた。

「社員は大切な家族だ。頼むぞ」

家族、という言葉に感動したことを工藤は今でも覚えている。こうして社長も一緒に、お互い様々な話をして前向きな気持ちになれる、この今の状態が、家族のような関係性と言って良いのかもしれない。

今では髙橋は、このような話をしてくれることもある。

「自分一人だけでは成し遂げられないことがたくさんある。だから、力を貸して欲しい」

きっと、今まで以上に大きな何かに挑戦しようとしているのだろう、ということが伝わってきた。工藤もまた、その思いに応えたい、と思うようになっていたのだ。

カナダでは、きっと屋久島の研修以上の何かがあるに違いないと思い、工藤は楽しみにしていた。ダスキン福山で一緒のチームになって、協力し合って共に一歩一歩前に進みながら、まだ見ぬ景色を見に行こう。そのためにも髙橋と一緒になってさらなる上を目指していきたい、そう思っていたのだ。

しかし一方で、工藤はなぜか、妙な予感がしていた。ただ、その正体は自分では分からない。大切なボタンなのに掛け違いをしていて、一目で分かりそうなものなのに、なぜかずっと気付けずにいるような、大きな違和感を覚えていたのだ。

だが、きっと考え過ぎだろうと自分に言い聞かせ、その正体を突き止めることなくカナダに向かう日を迎えたのだ。

仕事のやりがいは、一体何なのだろうか?

飛行機に乗った後も、工藤は心の中でその違和感が引っ掛かっていた。機内サービスのコーヒーを手にとりしばらくぼうっと考えてしまい、その様子を見たキャビンアテンダントが、「いかがなさいましたか? お体の調子は大丈夫ですか?」と工藤に声をかけた。

あまりにぼうっとしていたので、工藤のことが心配になったのだろう。

「あ、いえいえ、大丈夫ですよ」そう答えた。

「それなら良かったです。何かございましたらお気軽にお声かけくださいね」彼女は笑顔を返してくれた。

「あの……、仕事は、楽しいですか?」

工藤は自分でも思いがけず、彼女にこんな質問をしていた。なぜこのタイミングだったのか工藤自身もよく分からないのだが、彼女に聞いてみたくなったのだ。

彼女は一瞬、「?」という表情になったが、すぐに丁寧に答えてくれた。

「そうですね、楽しいですよ。この飛行機にも、機長や副操縦士がいますし、空港では大勢の人がフライトに関わる仕事をしているからこそ、こうしてこちらの飛行機はカナダに向かうことができているのですが、私はその中でも、キャビンアテンダントという仕事が好きです」

何気ない話に工藤はふと考えてしまう。

(そうだよなぁ、それぞれに自分の仕事がある。そしてパイロットがいないと、飛行機は飛ばないんだよな。でも、全員がパイロットだったらいい、という訳でもないよな)

工藤は、そのときは特に深く考えてはいなかったが、そんな思いが浮かんだ。

飛行機でみんながパイロットになろうとするのと同じように、会社でみんなが社長になろうとしたら、どうなるだろう？　別に全員がパイロットにならなくても良いように、全員が会社を先導して、会社の進んでいく未来を示していく必要は、きっとないのだ。そんなことをすれば、逆に組織が成り立たなくなってしまうに違いない。

彼女との会話の中に、何か示唆的な思いが浮き上がっていた……。

大自然、ガイドの後ろ姿。そして、ダスキン福山の仲間たち

空の旅を終え大地を踏みしめた髙橋は、カナダの自然に圧倒されていた。

三〇〇〇メートル級の山が肩を組んだ様に連なる圧倒的な佇まい。

静寂を閉じ込めた吸い込まれそうなほどに澄んだ湖。

一万年以上という時を経て高い純度で結晶した氷河が聳え立ち、果てしなく広がっている光景。

自然の圧倒的な威力を目の当たりにできた……。

なぜ生きるのか。

なぜ生かされているのか。

これから向かうのは、そんな心の内の深い問いかけと対峙せざるを得なくさせる何かが、きっとある場所だという。

こうしてカナダの大自然に足を踏み入れている髙橋にとって、ダスキン福山には、何が求められていて、この先どのように進んでいくべきなのか。普段からぼんやりと考えていることとは言え、きっとこの研修を通してさらに深く突き付けられるに違いない。

そしてそれを解き明かすための大切な鍵も、この場所で見つかるに違いない。

髙橋はそう予感していた。理屈を超えた何かがこの場所にあると強く感じられていたからかもしれない。

屋久島の登山もとても厳しいものだったが、今回のカナディアンロッキーは比べものにならないくらい険しい道だということが、登り始めてよく分かった。一面ゴツゴツした岩しか見えないような場所も、一歩、また一歩とゆっくり確実に全員で足を進めていかねばならないのだ。

仲間となら、必ず山頂に辿り着けると信じて。

目の前に見えた頂上まで登ると、さらに高い山が見えるのだ。次の高い山を目指せば、さらにきつい思いをするのは分かっている。引き返した方がはるかに楽なことも分かっている。それでも、仲間と一緒だから、次の山にも登るために顔を上げるのだ。再びお互い厚く信頼し合って、共に確実に、一歩一歩、進み始めて行く。

容赦ないほど黒い色に染められた夜の時間帯に、全員でヘッドランプを照らして前に進んだこともあった。

黙々と足を進めながら、髙橋は頭の中で今後どうしたいのか、これから自分自身の命をどうつかっていくつもりなのかと考えていた。

これからも髙橋は「喜びのタネをまこう」というスローガンを胸に、ダスキン福山の仲間たちと共に、さらに大きなものにチャレンジしたいと思っている。たとえ周りが真っ暗に思えたときでも、仲間たちと一緒であれば、きっと確実に前に進んでいくことができるに違いない。

髙橋はふと顔を上げた。ヘッドランプを照らして前に進んでいる人の中には、いつものワールドユーの仲間だけでなく、このロッキーの登山のガイドもいる。ガイドが行く方向を示し、一緒になってヘッドランプで明るくしてくれているからこそ、周りの仲間も信頼して、一歩一歩前に進むことができている。

仮にこの暗闇の中、仲間のうちの一人が、違う方角に行きたい、と思ったとしても、どうだろうか？　そう思ったとしても、ガイドが明かりを照らして進んでいる道と同じ道を行く限りは、辿り着く場所も同じなのだ。

（あれ……？）

髙橋の心の中で、何かが引っ掛かった。

髙橋はもっと上、さらに上のステージへ向けて、これから駆け上がっていきたいと思っている。髙橋一人だけが走っていれば成し遂げられるものでもない。会社として、ダスキン福山として目指していく使命があるのだ。だからこそ、自分にはこれからまだ見ぬ未来へ一緒に進んで行ける仲間が必要、ということは分かっている。

分かっているはずなのに、先ほど心の中で少し何か引っ掛かった、くらいに思っていたものが、どんどん大きくなっていくのだ。ガイドの姿を見ていると、何か、絶対に重要な何かが、自分には抜け落ちているような気がしてくる。

髙橋は、（ここできっと、重要な何かに気付かねばならないのだ……）と直感的に感じ取っ

ロッキーの大自然の中、心の内の深い問いかけと対峙する

ていた。これも、カナダの大自然の力がここにあるからなのかもしれない。全てを顕在化させる自然のパワーがはたらいているのかもしれない。

それなのに……、肝心な「何か」までは、髙橋はここでは感じることができない。それが分からなければ、全てが前提から覆ってしまいそうな、どうしようもないくらいほど大切なことなのに、それほど重要なことなのだという予感で胸がざわついているのに、それでも「何か」が分からないのだ。

その正体を自分の心の中で暴きたいのにどうすることもできず、髙橋は一瞬でも足を踏み外せば全て呑み込まれてしまいそうな暗い闇の中で、一歩、また一歩と、仲間たちと共に足を進めていった。

僕たちは、あの山に登るんだ。君たちは、どこへ行く？

翌日も、髙橋はカナダの大自然の中を歩く。

山に囲まれた湖が、澄んだエメラルドグリーンの色で辺りの景色を反射している。

その水の様子は息を呑むほどに美しいのだが、きっと私たちに見えない水面下で、湖は、あまりにも深いのだろう。うっかり近づき過ぎてしまうと引きずり込まれ、二度と戻って来られないような恐ろしいほどの自然の威力を秘めているようにも思えてしまう。

「髙橋さん、どうかされました？」

一緒に山に登っていた仲間に声をかけられた。

「あ、いえ、何もないですよ」

髙橋はそう答えた。このとき心の中では、昨日の夜の闇の中での「何か」引っ掛かる違和感についてまた思い出してしまっていたのだが、それが表情に出てしまったのかもしれない。

「そうですか。なんだか難しそうな、ちょっときつそうな顔に見えたもので。何もないのなら良かった。でも、苦しくなったら言ってくださいね」

神秘的な湖を横目に見ながら進んで行くと……、髙橋たちは偶然にも、別のパーティと山道で遭遇した。

山で誰かと会うと、挨拶をして言葉を交わすというのは、どうやら世界共通のようだ。少しの間立ち止まって、お互いの話をする。

「僕たちは、あの山に登るんだ。君たちは、どこへ行く？」

そのような話で盛り上がる。

「私たちが目指しているのは、あちら側にある山だから、逆方向ですね」

「そうか。だったらこの後は、残念ながらお別れだな」

パーティの一人がニッと白い歯を見せて笑顔になった。お別れ、と言いつつも皆を元気にさせてくれるような笑顔だ。ほんのわずかな時間でもこのロッキー山脈で出会えたことに感謝をし、握手やハイタッチをして、また、別々のそれぞれの道を歩き始めた。

（そうか……。目指すゴールが違うもの同士では、最後まで一緒に歩み進むことなどできないのだ）

歩き始めてしばらくすると、髙橋はそのことに気付いて、途端に恐ろしくなってきた。

（私と、他のダスキン福山の仲間たちと、目指しているゴールは、果たして同じなのだろうか？）

髙橋は確信が全く持てなかった。

今ここで辺りを見渡してみても、様々な山がある。ひとつ山を登り終えたと思うと、さらに向こう側に、もっと高い山がいくつも見えてくる。

出発はどの地点で、どこを目標に進んでいくのか？　それによって準備するものも、かかる日数や時間も、難易度も、誰がチームメンバーに必要なのかも、全てが変わるのだ。どの山に登るかによって、ある人は西に歩き始めるだろうし、ある人は東に歩き始めるのだろう。また、標高一〇〇〇メートルの山を登る気持ちで、三〇〇〇メートル、四〇〇〇メートルの山を登ることなどできない。途中で食料も装備も尽きてしまう。どの山に登りたいか、によって、やるべきことは全く違うものになるのだ。

一緒に山を登るチームであれば、私はあの山に行きたい、でもあの人は違う山がいいと言ってる、皆バラバラだけど取り敢えず出発しよう……、などということはできないはず。出発前の段階から、どの山に登るのか、同じ目標を掲げて、それに向けて準備をしなければならないし、そうしなければ、ひとつのチームにはなれないのだ。登り始めてから、それぞれが行きたい方向へ進み出したとしたら、間違いなく、チームはバラバラになってしまう。

髙橋はダスキン福山の仲間、特に幹部社員たちに、「今の会社の枠組みや、福山という地域に囚われることなく、もっと日本中に、いや、世界中に喜びのタネを届けられるようなことに挑戦したいと思うのだけれども、どう思う？」と話をしてみたこともある。ただ、「今は、現場が……」「他にも、大事なことがあるように思います」などという返事ばかりで、「社長、一緒にやりましょう」という積極的な声が上がったことはない。いつも曖昧な返事で濁されてきたのだ。

いや、だからこそ、こうしてワールドユーの研修に参加し、お互い信頼してコミュニケーションがとれるようにしてきた。今回もこのカナダの研修に参加して、これからさらに一緒に成長し、飛躍していきたい。髙橋はそう考えている。その考え自体は、きっと、間違っていないはずなのだが……。

昨日、黒い色に染められた山の中で、ガイドの姿を見ながら髙橋の心の中で湧き上がってきた「何か、引っ掛かるもの」は、偶然出会ったパーティと別れ、ゴール目指して歩き出した今になってますます大きくなり、どこか恐ろしい場所へ引きずり込んでいくような気さえしてきたのだった……。

自分が生きてきた証

工藤は登山の途中、仲間の状態を感じ取りながら、辛そうだと思ったときは自分から手を差し伸べて、一緒に前へ前へと進んで行った。ロッキー山脈の、どこまでも豪快で、どこまでも繊細な大自然の景色が迫り来るかのようだ。その全てが、何か大きな存在からのギフトのようにも感じながら、チームで頂上を目指し登って行く。

ようやく全員が頂上に登り切ることができたとき、途端に達成感が一杯になって押し寄せてきた。そこにいる全員が熱い気持ちになり、抱き合って喜んでいるうちに、感動のあまり工藤は思わず涙を流していた。

この場所に来ることができて本当に良かった。工藤は心の底からそう思っていたのだ。

下山してから、工藤は髙橋と一緒に話をする時間があった。これからどうしていきたいのか、という話になったときに、工藤はこう話をしたのだ。

「やっぱり、チームで一緒に何かを成し遂げるって最高ですね。ダスキン福山が本当のチームになるためには、まずは社長がリーダーですから、みんな社長のことを信頼することが重要だと思います。社長のことを、まずはダスキン福山にいるみんなが、もっと好きになって欲しいですよね」

それを聞いた髙橋が、ふと話をしたのだ。

「うーん……、好きになって、頼ってもらうのはありがたいけれども、じゃあみんなは具体的に何をしたいんだろう？　結局は誰も、自分から積極的にリーダーシップを発揮していないようにも、聞こえてしまうんだよね。自分が真のリーダーになろうとは思わないのだろうか？　リーダーは全部社長である私がしなきゃいけないってことなの？　工藤部長は、一体、何を目指しているの？」

その言葉を聞いた、工藤は……。

一瞬で、はっきりと分かってしまったのだ、カナダに来るまでに感じていた、大きな違和感の正体が……。

工藤の頭の中で、飛行機での話が思い出される。「パイロットを尊敬しているけれども、私はパイロットになろうとはしていないし、自分の仕事が大好きです」キャビンアテンドはこのようなことを語っていた。

キャビンアテンドがパイロットになろうとはしていないのと同じように、工藤も会社という乗り物のエンジンをかけて、今はまだ見ぬどこか遠い地点を目標として、自分で動かして行こう、とは思っていないのだ。

工藤の仕事への思いは、十六歳のときから揺らいでいない。目の前のお客様に、おいしいドーナツを提供して、幸せな笑顔をいただく、それだけなのだ。

けれども、幹部として、強いリーダーシップを発揮するポジションを求められていることを、実は工藤は薄々と感じていた。しかし工藤は会社全体の指揮をとるためにダスキン福山の社員になった訳ではない。それを社長が望んでいると分かっていたとしても、その通りにはできないのだ。頭では理解できたとしても、体の方が先に「それは違う」と拒絶反応を起こしてしまった。

工藤はミスタードーナツの店長になりたい、という気持ちで社員になって、その延長線上で、長い年数をかけて、部長にもなった。当時の決意からあまりに外れたことを求められると、工藤はこれまで生きてきた自分の人生だけでなく、これから進もうとしている未来の自分自身の人生、その全てを否定されたように思ってしまったのだ。

「日本中を笑顔に」「世界へ目を向けよう」という志を持っている人のことを、否定するつもりもない、素晴らしいことだと思っている。ただ、工藤の生き甲斐はまた別のものなのだ。もっと端的に言うと、社長が目指すものと、工藤が本心でこれからも大切にし続けたいものは、全く違うものなのだ。それがここに来て、はっきりと分かってしまったのだ。

工藤は猛烈に気分が悪くなり、突然その場でうずくまり、動けなくなってしまった。胃の中のものを戻してしまった。目の前が暗くなってきた。

周りが動揺する声が遠くに聞こえていた……。

第6章

コロナ禍が浮き彫りにしたもの。新たな物語が始まる……。

本当の原因は、何だったのか？

きちんと話をすれば、思いは伝わり、きっと分かり合える。

本音を受け止め合って、同じ方向を目指し、これからも一緒に邁進していける。

幹部社員三人を目の前にして、髙橋は、会議室でこれ以上ないほど熱っぽく語っていた。

「だから、このコロナ禍で日本中が後ろ向きになってしまって、元気もなく、皆落ち込んでいる今だからこそ、社内を改革し、お客様に貢献できることがきっとたくさんあるはずなんだ！」

……しかし

「日本を元気にするよりも、今は自分たちを守ることが大切です」

そんな言葉を残して、幹部三人は足早に会議室を去って行ってしまった。

髙橋はひとり取り残された。

髙橋は、自らが掲げる経営ビジョンの元、幹部社員たちと同志になれたと思っていた。

いや、それは髙橋の思い違いなどでは決してなく、実際になれていたのだ。苦しい思いをしながらも互いの笑顔を見ることができた瞬間や、共に感動した日々のことなど、あらゆることが一気に思い出されてきた。

それなのに、未だかつてないほどの正念場という状況の中、結局髙橋は一人で取り残されてしまったのだ。

（あの頃に、また戻ってしまうのか？　また、孤独になってしまうのか……）


髙橋は東京湾を一望する研修ルームにいた。

一切仕切りのない一〇〇畳はあろうかという空間は、全面ガラス張りで、スカイツリー、お台場、レインボーブリッジを見渡せる。強い日差しを受けて、海がキラキラと輝いていた。

「恵子さん、実は困ったことがありまして……」

途方に暮れた髙橋は、ワールドアカデミーに足を運び、恵子さんに相談することにしたのだ。

ざっと話を聞き終えた後、恵子さんは髙橋に言った。

「今回はもしかしたら、りょうちゃんの抱えてる問題の核心になることだから、かなり厳しいことを言うかもしれない。それでもいい？」

恵子さんは、髙橋のことを親しみを込めて「りょうちゃん」と呼ぶ。ちなみに工藤部長のことは「ゆきちゃん」。髙橋の名前が髙橋良太、そして部長の名前が工藤由紀夫、だからだ。

恵子さんの問いかけに髙橋は答えた。

「もちろん、厳しい意見でも何でも、恵子さんの話なら全部真っ直ぐ受け止めたいと思っています」

このままでは、屋久島のチームビルディング研修に参加したところからはじまり、社内でお互いのコミュニケーションもうまくいくようになって、幹部社員たちと一緒に築き上げてきたものが、一気に空中分解してしまうかもしれないのだ。髙橋は、それだけは何とか阻止したい、という気持ちでいた。

髙橋の返事を聞いて、恵子さんの話は続く。

「カナダの研修で、ゆきちゃんが、どうも自分から率先して何かにチャレンジしよう、新しい何かを実現させるためにみんなを引っ張って行こう、ってそういう感じじゃないなと思うことがあったんだよね。それを伝えたら、突然拒絶反応を起こして倒れ込んでしまったんだよね」

「そうです、あのときは突然のことに私も驚きました」

「そうしているうちに今回のコロナ禍があった。ピンチのときこそチャンスだと思って、その思いを幹部社員たちに伝えて、具体的に何をするかについても、この機会に話をしたいと思った。するとゆきちゃんを始めとする幹部社員たちからは、社長について行ってる場合じゃない、と言い出して、誰も話をちゃんと聞いてくれなかった、そういうことだよね？」

「はい、そうなんです……」

その返事を聞いた恵子さんは、髙橋のことをじっと見つめて、神妙な口調で話を続けた。

「あのね、りょうちゃん」

「はい」

「リーダーシップって大切だと思う？」

「それはもちろん……」

唐突な問いに驚きながらも、何を当たり前のことを聞いているんだと思いつつ、髙橋は続ける。

「社員一人一人がリーダーシップを発揮して会社を引っ張っていく。そして地域を、日本を引っ張っていくべき。そう考えています」

ダスキン福山で日頃感じていること、なかなか幹部社員がリーダーシップを発揮してくれないジレンマを感じながら答えた。

「りょうちゃんは、誰もがリーダーシップを発揮して会社を牽引するべきだと思っているんだよね？」

「そうです」

「それは間違っていないと思う。誰もが内なるリーダーシップを目覚めさせて、積極的に自分や周りを巻き込み、前に進もうとする事は大切だと思う。では次の質問だけど、誰もがリーダーになりたいと思っていると思う？」

「……そうじゃ、ないんですか？」

髙橋は自信がなくなってきた。自問する……、誰もが先頭に立って、会社を引っ張っていきたいと思っているだろうか？　全員が船頭の船は、どこに向かったらいいのか分からなくなってしまうのではないだろうか？

髙橋の表情を見て、恵子さんがうなずく。

「気づいたようね。人にはそれぞれ、幸せと感じる基準が違うのよ、これは教えたわよね。リーダーになって、先頭を切って向かう方向を示し、荒波を乗り切る充実感に幸せを感じる人もいる。そうじゃなくて、目の前のオールを漕ぐこと、それを今日一日立派に成し遂げたこと、漕いだことに感謝されたこと、そういったことに幸せを感じる人もいる。どっちも間違っていない、立派な仕事だと思う。そしてゆきちゃんは、後者なんじゃないかな？」

髙橋は頭を打たれた気がした。

自分は工藤部長にリーダーシップを期待していた。でもそれはリーダーシップを強要していたのかもしれない。いつも現場にこだわっていた彼は、管理職になっても店舗に入ることを好んでいた。リーダーシップよりも、お客様に幸せの種をまくことに生きがいを感じていたのだろう。

……それに気づくと、申し訳ない気分があふれてきた。

恵子さんが続ける。

「ゆきちゃんは間違ってはいない。ただ彼の求める幸せとは違う、りょうちゃんの幸せを押し付けていたんだよ。わかる？」

髙橋は膝が震えそうだった。

工藤部長とは、確かに魂の同志にはなれた。一緒にダスキン福山をさらに素晴らしい会社に育てる決意は同じだった。しかしそのために、やるべきことが違うのだということに初めて気付いたのだ。

髙橋は地域の、そして日本の未来に貢献することを選んだ。

工藤は目の前のお客さんの笑顔を大切にすることを選んだ。

両方それぞれ正しい、どちらも間違っていない。

しかし髙橋は、自分の生き方を、工藤の生き方にも強要しようとしていたのだ。

魂の同志になった同じ会社の社長と幹部とはいえ、幸福の価値観まで強要するのは間違っていた。

同じ幸福感で共有できる、また新しい仲間を作る必要があるのかもしれなかった……。

さらに恵子さんが、髙橋の目をまっすぐ見つめて続ける。

「ここからは耳の痛い話になると思うけど……」

窓の外の東京湾に太陽が反射してまぶしい。今まで気づかなかった大きなことが押し寄せる予感に、髙橋は目眩がしそうだった。

「幹部に期待するより、……まずちゃんと自分の志をしっかり伝えるリーダーシップが発揮できていたのかな？　独りよがりじゃだめよ、ちゃんと心を震わせる信念を共有できるリーダーシップよ。今までは社長として幹部を飛び越えないように指示命令してきたよね。いわゆるピラミッド型経営という感じかな」

確かに髙橋は、現場の事は自分より現場に近い幹部たちの方が、よりわかっているだろうという遠慮があった事は否めなかった。

「でも今からは時代は大きく変化していくから、同じ志で臨機応変に素早く対応できる少数精鋭の仲間が必要になってくる。そうでないと今のような急激な時代の変化に対応できない。今までの仕事を今まで通り進める時代ならよかったけれど、もう昔には戻れない。わかっていても本気で変化しようと思った時引き戻し現象が起こる。変わりたくない今のままがいい、今まで通りに生きたいと願うのが普通かもしれない」

恵子さんの言葉が熱を帯びてくる。確かにこのコロナ禍は、好むと好まざるに関わらず変わらなければいけない時なのだ。恵子さんが続ける。

「この『時代の変化』は歴史を振り返っても定期的に起こるようね。だから刀をもった侍は町を歩いてはいない。不思議なもので変わりたくないと思いながらも、いつの間にか、ひたひたと静かに時代の波は加速していく。今はリモートになり、紙幣を使うことも少なくなり、一人ずつにマイナンバーが紐づき、ＡＩロボットが加速的に進んでいる。入社式もアバターでやっているとニュースが踊る。子供の数は激減し、学校でも笑顔さえマスクで覆われた世界が出現している。コロナ騒動に注意を向けているうちに、気が付けば元気なはずの子供たちの鬱症状、自殺者、引きこもり、諦め倒産件数の増加……。日本はどこに向かっているのか？　と問いかけたくなる。この流れをよく見極めて大きな時代の変化に対応できる善き仲間が必要なんだよ」

幹部たちと同志になれたと思った。いや、実際にはなれたのだ。しかし、コロナという この大波に襲われて、本当の一枚岩でなかったことが露呈した。それは髙橋が、腹を据えて魂 からの強いメッセージを発することができなかったからでもあった。そして何より、一人一 人の幸せの形が違うことに気付けなかったからでもあった。

「時代の変化は、まってはくれない。賢くなろう、考えよう、智慧のある人になろう。今こ そ考える力を磨く教育が大事だ。新時代に対応できるリーダーとして立ち上がろう」

恵子さんの言葉が心に染みた。

「このコロナ禍で、りょうちゃんが決めた会社が向かう方向を発表したんだよね。でも幹部 はそれを理解してくれなかったんだよね。それは仕方ないよ、みんな不安で目の前しか見え なくなっているんだから。そして目指している場所が、本当に一緒ではなかったんだから。 でもそれは……ハッキリ言うと、りょうちゃんのリーダーシップがまだ弱いんだよ。幹部の 心を震わせるリーダーシップが発揮できていないんだよ。メディアの情報だけでは真実はわ からない。何度も何度も伝える。真実を伝える勇気が大事だね。今こそヒーローの出番だね」

カナダの登山で、別の山へ向かうパーティーとすれ違ったときのことが思い出される。リー ダーが行く先を示さなければならない。しかしその行き先は、みんなの同意があるものでな くてはいけない。つまり共有できる理念でなければいけない。

それが共有できていないのは、みんなのせいではない、ちゃんとそれぞれの幸せに目を向けて、魂に届くように伝えられなかった自分のせいなのだ。

悔しさ、ふがいなさ、恥ずかしさが混じり合って、風景が滲んできた。

「恵子さん。私は、社員との関係が改善したことを、本当にひとつになれたんだと勘違いしていたのかもしれません。私の力不足ですね、まだまだ修行のようです」

言いながら髙橋は、自分に決意が湧き上がってくることも感じた。

「そうだよ、一生魂の修行なんだよ。これまで以上に、拳を上げて前に立ち、挑戦していく覚悟を持って、本当の魂の同志ができるまで応援するよ」

恵子さんが爽やかに笑った。

目が痛いほど煌めく東京湾の水面は、髙橋が深い気づきを得て、新しい自分の向かう先が見つかったことを知っているようだった。

二〇二〇年の締めくくり。これから目指すものとは？

数ヶ月後。髙橋に恵子さんから連絡があった。

「りょうちゃんに、頼みたいことがあるんだけど……」

話を聞いてみると、それはあまりにも突然のことで、髙橋はしばらく理解が追いつかなかった。

(いやいや、恵子さん。他にもっと相応しい人がいそうなのに、なぜ、私に?)

軽い気持ちで引き受けることはできない話だ。成功するかどうかで、その後が大きく変わってしまうと言っても過言ではないほどの大役なのだ。しかし、髙橋は不思議と、断ろうという気持ちにはならなかった。


そして髙橋は今、福山から東京に来ている。

ここは古き良き日本の佇まいがあちこちに残っている街、高輪。近代的なタワーマンションや格式高いホテルも建ち並び、一本裏道に入れば閑静な住宅地もあって、日本だからこそのあらゆる素晴らしさがひとつの場所に集まって見事に調和している、特別な場所のようにも感じられる。目的地は、グランドプリンスホテル新高輪《飛天の間》だ。

かつて東京のダスキンでの新入社員時代、お客様のところへ向かう営業車に乗り込んだ瞬間と同じくらい、いや、それ以上に高揚していく気持ちを髙橋は抑えきれずにいた。

《飛天の間》は最大で二四〇〇名を収容、国内最大級の広さを誇る宴会場だ。天井も高くて豪華で巨大なシャンデリアがいっぱいに眩く輝いている様子に、圧倒されてしまいそうになる。ただ広いだけでなく、会場の隅々まで気品があふれている空間なのだ。今日のイベントに合わせて、特設のステージも用意されている。

本格的な寒さが訪れようとしている、二〇二〇年十二月。

これから開催されようとしているのは、コロナ禍で多くの人が戸惑い、不安になり、それでもなんとか希望の光を見出そうとした、歴史的一年が幕を閉じようとしている時期だからこその、ビッグイベント「ヒーローズクラブ・愛と光の感謝祭」だ。

ワールドユーアカデミーの経営者やリーダーたちが集まっているのが「ヒーローズクラブ」だ。新型コロナウィルスへの対策を万全に期した上で、こんな時だからこそ「日本を元気にしよう」という志を持ったヒーローズクラブメンバーと、同じく志を共にする企業の皆様、約六五〇名がこの《飛天の間》に全国各地から駆けつけて、年末のこの時期に感謝祭が開催された。

この感謝祭が成功すれば、集まった仲間たちは「苦しい一年だったけれども、乗り越えることができて本当に良かった」と心から思えるに違いない。来年も顔を上げて、前を向いて進んで行くための大きな活力にもなる。

万が一の話だが、失敗に終わってしまった場合、参加した人々が全員、一年の締め括りにとても残念な気持ちになって、さらに意気消沈してしまうかもしれないのだ。もちろんそのようなことはないと願いたいのだが、この感謝祭はワールドユーアカデミーにとってはもちろんのこと、多くの人の運命が大きく変わってしまうと言えるほどの歴史に名を残すだろうビッグイベントなのだ。

寒さをものともしないほどに、参加者全員の心に熱い気持ちがあふれているようにも感じられる。

会場が暗くなり、ステージにスポットライトが当たった。

「皆さん、ようこそ！　愛と光の感謝祭に！　本日の司会進行は、ヒーローズクラブ、ダスキン福山、髙橋良太……」

そうなのだ。今回髙橋は、ヒーローズクラブ感謝祭の、司会者として大抜擢されたのであった……。

仲村恵子の決断と奔走、そして日本のために……。

仲村恵子は決断していた。

コロナ禍の二〇二〇年末、日本中でほとんどのイベントのキャンセルが相次いだ。この時期に仲間を集めて開催できると思う人は、ほとんどいなくなっていた。でも、私たちは違う……。二〇二〇年四月都市封鎖が始まり、いっせいにメディアがコロナパンデミックと海外の映像を流しまくった。まるで東京では死体の山ができるかのような報道が始まった。「東京は恐い。お願いですから東京には行かないでください」そんな事を本気で訴える人もいるくらいだ。

しかしみんな元気に生きている。

メディアがなんと煽ろうと私たちは元気に生きている。これが真実ではないだろうか。

緊急事態宣言後、六月からＧｏＴｏキャンペーンがはじまったのは何か変ではないだろうか？　そんなすごい感染力があるような、経済封鎖までするようなウィルスが拡がっているなら、なぜ国は国民に自由に行き来することを許可したのだろう？　真実はどこにあるのだろう。メディアの報道と国の方針に大きなずれがある。本当は何が起こっているのだろう？

そこで専門の先生方を全国から多数探して、ヒーローズクラブで勉強会を開催する事にした。

「先生、私たち零細中小企業の経営者たちは、コロナの影響で倒産の危機を迫られています。ですから対策を立てるためにも真実が知りたい、本当の事を教えて下さい」

名前と顔を出して講義をしてくださる先生方が全国から集まった。

先生方は、私たちが知っているメディアで流れる内容とは全く違う情報を、データをもとに伝えてくれていた。応援する人よりも誹謗中傷する人が多いなか、快く全国から、またアメリカからも直接来てくれてお話をして下さり丁寧に質問にも答えてくれた。

その話は驚くような内容だった。しかしどの先生方も全く同じ話をしてくださった。その中で特に印象的な先生に出逢った。「もう集団免疫は達成されているからコロナは大丈夫だよ。普通の生活をすればいいんだよ」こんな意見は世間とは大きく違っていた。だからこそいろいろ言われて、鎧がボロボロに傷ついて、それでも拳を上げ戦い続ける日本の侍魂をみた。

なんだか涙があふれてきた。どうしてかわからないけれど涙があふれた。憔悴しながらもデータをもとに本気で戦い続ける先生には思わず「よく戦ってくれましたね。ほんとうにありがとう。先生は私たちの希望です。先生は本物です。それが先生の天命なんですね」と涙ながらに握手をしていた。先生方も、にっこり笑って握手してくれた。

そこで見えてくる真実があった。先生方から教わった話では、ＰＣＲ検査での陽性者と感染者は違うらしい。でもそれを感染者数として、なぜかメディアは累積で煽っている。

結局ウィルスに対応するのは免疫力しかないらしい。ものを言えない政治家も、医者も、メディアも、偉い人にはそれぞれに何か訳があるのだろう。おかしいと思っていても何も言わず子供をマスクで覆う大人たちにも何か訳があるのだろう。

でも私たちは一人の商売人とし、日本人として反応的に何も考えずに自粛し、倒産を待つゆでガエルになるつもりはない。かと言って陰謀論を唱えて喧嘩する気も毛頭ない。ただこのあらゆる制限の中で、何が真実か情報を集め、生き残りをかけて経営者として正しい舵を切る必要があった。

私は、いかなる事があろうとも、現状に配られるカードに文句を言わないと決めている。なぜならもし不平不満、陰口、悪口、弱音、泣き言を言えば、世界を神様が創っていると仮説をたてた場合、神々が何か失敗したと人間が文句を言うように思うからだ。

いついかなる時もよりよく生きるために、魂の成長のために神々が試練を下さると思うことにしている。だから神々には失敗などしないと信じる。その考え方を選択する方が前向きに強く明るく生きられる思うからだ。

だからこそ、二〇二〇年四月フォワードコロナ大作戦と名付けて、共に学ぶ経営者を集めて、コロナのお陰様と言えるような挑戦をしよう、と宣言した。全員で「今だからこそできる三つの取り組み」を立ちあげ精力的に行動した。どんな時も智恵を出せば必ずできる事はあるはずだから。その取り組みをみんなで力を合わせて活動することで、元気に明るく二〇二〇年も活動ができた。

おかげさまで現在も過去最高売上をあげる仲間がドンドン増えた。

どんな時も時代に合わせて配られたカードで戦うのみだ。

愛と光の感謝祭

感謝祭は二〇一九年コロナ前に飛天の間は仮予約していた。しかし心配なのはホテル側が、コロナで開催取りやめを言ってこないかどうかだった。

都市封鎖中の二〇二〇年四月、電話してこちらがやる気満々なのを伝えることにした。

「今ホテルも自粛で大変でしょう。こちらは国の決めた対策を全て守り、あらゆる条件を安全にすべてクリアしやる気なので、とりあえず予約金をいれさせてもらえないでしょうか？」と伝えた。ちっぽけな研修会社が、飛天の間のお役に立ちたいと言うのもどうかと思うけれど、気持ちを行動にすることが大事だと思ったからだ。

先方はリモート中なのか「どちらでもいいですよ」と気のない返事だったが、とりあえず、こちらのやる気と内金を納めさせたもらった。

「きっとできない理由をいろいろ言ってくるだろうな……」と思っていたら、八月に電話があって「今回のイベントの件ですが、開催されますか？」との連絡。当然やる気なので担当者と打ち合わせすることになった。

想像通りできない事が山のようにあった。

距離を空ける事、人と向きあってはいけない。

ビュッフェにする予定だったがそれだと、お料理の前に人が集まるのはダメ、トングで料理を分け合うのもダメ、かといって半分以下に人数制限してもこの人数をテーブルに座ってもらっても配膳するスタッフを出さないのでダメ。

飲み物も出せない。

動かない、前を観るだけ。

話さない。

さすがに飛天の担当者の皆さんも、なんだかダメダメダメダメと自分でいいながら、気が落ちこんでいくのがわかる。

とりあえずできない理由を全部並べてもらった。

「もうないですか？　全部言い終わりましたか？　この全てを完全にクリアしたらできるんですよね？　では今から飛天の間、ヒーローズクラブ大作戦を発表します」と言ったら彼らの目が丸くなった。

ヒーローはみんながどうせ無理と言ったときが、最大の出番です。大作戦はもう完璧に考えていた。みんなが喜ぶ姿を想像するとアイデアがドンドン湧いて来た。頭の中では、ミッション・イン・ポッシブルの音楽が鳴り響き、トム・クルーズが活躍するイメージが拡がっていた。

「動かない。会話しない。食事できない。前を向く。スペースを空ける」

だったら、ロビーを空港にして、飛天を飛行機に見立てて世界中を冒険しながらラスベガスに向かって出発すればいい。もともと二〇二〇年ヒーローズクラブ和太鼓グループはラスベガス公演が決まっていた。飛行機が飛ばなくてそれができなくなった。ということはみんなどこにもいけなくて、閉塞感が漂っているのは同じはず。

だから気が晴れるように入場券は搭乗券に、ロビーは空港カウンターに。ターンテーブルに旅行トランクが回って、搭乗のご案内が流れ、ファーストクラスから入場すると、席につきシートベルト着用のアナウンスを合図に、機内設備の映像が流れる。

そしていよいよ離陸し安定飛行になったら、お飲み物は目の前の席の下にボックスをおいておく。そこにはなんと冷えた缶ビールとサンドイッチだ。飛行機内なら缶ビール、プシュもありでしょ！　多分飛天の間はじまって以来だと思う。全員席についてタキシードとロングドレスを着た紳士淑女が缶ビールをプシュなんて！

そして、みんなで映像で世界中を旅しよう。今まで行きたくてもいけなかった世界を一緒に冒険しよう。

同時に私たちの思いをメッセージにして皆につたえよう。

日本を元気にしていこう。

そしてラスベガス空港に到着したら、一気に映像がシアター入口へ。ラスベガスの演目がはじまっていく。ドンドン楽しくなってくる。

そう語ると、聞いている一同の想像がリアルになっていくのがわかった。飛天の間、担当者たちの目がキラキラ輝きはじめる。

スタッフ側がこうでなくっちゃ！　聞いている全員のエネルギーが爆発した。

「これはいける、これはいけるぞ、すぐに上司のＯＫとってきます。やりましょう」

ミーティングの後、一気に活気が湧いてくる。

翌日、飛天号が飛び立つ許可がおりた。

ここからの課題も山積みだった。

一番の問題は、お客様に安心して楽しみに参加して頂くこと。きちんと感染症対策を丁寧に伝えた。

また十分に空の旅を楽しんで頂くために、なんと三〇メートルの大型スクリーンを用意して巨大映像を映すことになった。

あれやこれや超大変だか、どうしてもこの戦いには勝たなければならなかった。

侍魂の諸先生から、たくさんご指導いただいた。このご恩に報いなければ「良い話を聞いたな」と思っているだけで黙っていては意味がない。

二〇二〇年も、終わりよければすべてよし、となるように、全員健康で全員元気に日本人が大好きなお祭りを成功させること。

今はまだわからないけれど人生を振り返った時、二〇二〇年十二月十二日、この飛天の間で奇蹟をおこしたチームとして、自分たちの歴史を刻む事になるだろう。

そうすれば二〇二一年もさらに戦える、日本を元気にしていける。

空港に様変わりした飛天の間のロビー

年末の感謝祭が動き出した。

ワールドユーアカデミーと、ヒーローズクラブの「二〇二〇年コロナ禍との戦いの、ある意味で勝利宣言となる開会第一声」を、誰にするか魂に問うた。

その瞬間現れた、もっともふさわしい人は、髙橋良太・りょうちゃんだった。

ヒーローズクラブでも、今回のコロナで地方から東京に来られなくなった人もいた。

世の中には奇妙な社長が少なからずいる。それは、会社の決定事項を、奥さんが反対するから、社員が反対するから、近所の人が言うから仕方ない、とあらゆる経営判断を、誰かのせいにして任せる人だ。

もし社員や奥さんが経営判断をするなら、その人を社長にすべきだと思ってしまう。このような時に責任をもって判断する人こそが、経営者なのだから。

コロナ禍でも、りょうちゃんとその家族はよく学

事前にすべてのお客様のお手元にお届けした「飛天号」搭乗チケット

んだ。家族は、りょうちゃんの決定を応援してくれた。精一杯参加し元気に戦ってくれた。

ついてきて欲しい社員に、「コロナに立ち向かって一緒にやろう」という宣言を断られて、さぞ寂しかったろう。

「社員が言うから、僕もやめる」と言うのはとても簡単な選択のはずだ。

りょうちゃんは、慎重で真面目な人だ。根気よく本気で考え学び、自分が前に出る方でもない。しかし日本を守る覚悟と挑戦する侍魂がある。りょうちゃんが乗り越えた二〇二〇年、家族に支えられた奇蹟のような戦いだったと思う。

だからこそ、彼が叫ぶ「皆さん、ようこそ！」の第一声は全員の魂に響くだろう。

どんな思いでこの舞台に立ったのか、超えてきた冒険の数々が想起される。

結局、届く思いとは、どれだけ本気でその出来事に魂レベルで取り組んだかではないだろうか？　頭で考えれば自己保身に

飛天の間で力強く髙橋の第一声が響き渡る

走るのは当然なのだから。

りょうちゃんの快進撃は、ここから始まる。

りょうちゃんなら必ず未来の子供たちに、当たり前の生活ができるよう、日本を元気にする戦いに挑んでくれると信じている。

そして、その日が訪れた……。

髙橋良太の挑戦

静粛でありつつも熱気を帯びた雰囲気の会場で、髙橋の声が響き渡った。

「皆さん、ようこそ！　愛と光の感謝祭に！　本日の司会進行は、ヒーローズクラブ、ダスキン福山、髙橋良太……」

髙橋は、ヒーローズクラブ感謝祭の司会を快諾した。

こんなに多くの人の前で司会を務めた経験は、全くない。しかし、今は自信に満ちあふれている。

「今日は、お越しいただきました大切な皆さまと共に、大いに楽しんでまいりたいと思います。それでは皆さま、ご一緒に！　ここから日本に、元気と、楽しさを、響かそう！」

登壇してスピーチをする経営者の中には、二〇二〇年がこれ以上にないほどに辛い一年になったこと、それでも周囲の支えでなんとか乗り越えることができたことを思い出して、涙ぐむ人もいた。

髙橋も司会をしながら、共感せずにはいられない。そして、ダスキン福山での様々なことを思い出していた。

幹部社員たちとは何度も話し合いを重ねた。髙橋としてはもちろん、今日この会場に来ている仲間たちが口々に話しているように、「共に、日本を元気にするために行動を起こし、さらにその先には、世界に貢献するための活動を一緒にしていきたいです」というような言葉を望んでいた。まだそれは聞けていないが、幹部の魂に届くよう、志の高いリーダーシップを持って語り続けようと思っている。そしてもちろん、それぞれの幸せの形を尊重しようと考えている。

一方で「ダスキン福山という会社には本当に感謝しています」という言葉も、幹部社員たちから何度も伝えられた。以前は心の通ったコミュニケーションすらできなかったのだから、その当時と比べると、実は組織としては大きく前進できた、とも言えるだろう。

ダスキン福山が新たな方向へ進み出そうとしていることを聞いて、髙橋の背中を力強く押してくれた人ももちろんたくさんいた。その一人が、髙橋の最愛の妻だ。

「あなたのやっていることはきっと間違ってない」と、今でも妻は全力で髙橋のことを応援してくれている。

そして……、全く思いもよらず、恵子さんから感謝祭での司会の話があったのだ。おそらく恵子さんは、司会の経験があるかないかよりも、司会の経験を今後の成長に活かせるかどうか、という視点で任せる人を決めたのではないだろうか。

司会はマイクを持ち、話をすればそれで務まるものでもないのだ。進行の全てを頭に入れて、この広い《飛天の間》の空間にいる人やそのとき流れている雰囲気、全体にも目を向けながら、会を進めていく必要がある。

自分のペースで、強引に進行させていったところで良いものにはならないことは目に見えているが、それでも司会者がきちんとリーダーシップをとり引っ張っていかない限りは、プログラムは進まないし、盛り上がらないのだ。

また、あらゆる人と連携を取り、確認しながら進めていくことも大切だ。チームワークも必要とされる。司会は初めてとは言え、髙橋は経営と通じるものがあると感じていた。

そしてまさに、恵子さんが髙橋に言った、「これまで以上に、旗を上げて前に立ち、引っ張っていく覚悟を持つ」ことに近い経験ができるのが、この感謝祭での司会でもあったのだ。

ヒーローズクラブの和太鼓チーム、ダンスチームにとっては、感謝祭のステージが一年間の集大成でもある。

一年前には、全く経験がない人も多くいたのだが、「初心者ばかりだから、まあパフォー

コロナ禍の中、仲間と共に挑戦し続けた和太鼓

マンスも、誰でもできるレベルのもので……」とはならないのが、このヒーローズクラブなのである。チームのメンバーは、髙橋も含めコロナ禍でもなんとか工夫をしながら仕事の合間を縫って練習に打ち込んできた。本番では緊張感が走る中、全ての人が出せる力を出し尽くし、最高のチームワークを発揮させながら、圧巻のステージとなった。鳴りやまない拍手と共に、感動で会場が泣いた……。

二〇二〇年十二月、この飛天の間での感謝祭のかけがえのない経験は、間違いなく、それぞれの人のさらなる成長へと繋がっていくはず。あの日があったからこそ、今がある、と思える素晴らしい未来が、きっと私たちのことを待っているに違いない。

経験がないから、やらない、のではない。前例がないから、きっとできない、のではない。どうせ無理、はないのだ。

この感謝祭を、司会者として大成功を収めることができて、髙橋自身にとってもさらなる大きな自信となった。抜擢した恵子さんを始めとして、多くの人に感謝すると共に、また別の感情が髙橋の心の奥底から湧いてくるのだ。

まだまだ、できることは、たくさんある。

まだまだ、立ち止まる訳にはいかない。

魂に響くリーダーシップを発揮する。

仲間たちと共に、さらなる高みを目指していくのだ。

この日本が、そして世界が、もっと喜びであふれたものになるために。

カナダでの登山で、「君たちは、どこへ行く？」と尋ねられたことが思い出されてくる。

まさに今、同じことを尋ねられたら？　髙橋はこのように答えるかもしれない。

「日本から世界に元気を届けるために、まだ見ぬ未来に向けて、走り続けているんだよ。前例なんてないけど、良かったら君たちも仲間にならないかい？　とびきり楽しくて感動的な

まだ見ぬ未来へ向けて志高く！

出来事が、どうやらこの先には、たくさんあるに違いないからさ！」

エピローグ

今回の物語を読み返したとき、「人はあきらめなければ必ず道は開ける」という言葉を思い出します。

そして会社は、社長が変われば変わり始めるのです。

二十四歳でダスキン福山を起業した父の勇気ある行動が、私の行動の源にもなっていることにあるとき気付きました。創業者の父は、ずっと尊敬しています。

「人は生まれ変わることができる」

この奇跡のような体験をさせていただいた、ワールドユーアカデミーの恵子さんや共に学ぶ仲間の存在に、心から感謝いたします。

そして何より、この活動を応援してくれる家族の存在に感謝し、会社と現場をしっかりと守ってくれるダスキン福山のみんなに、心からお礼を申し上げます。特に、周りから何と言われようと、太陽のように家庭を守り私を励まし続けてくれた妻に、特別な感謝を捧げたいと思います。

この本を手に取った方にお伝えしたいことがあります。

私は自分の正しいという固定概念から抜け出せないでいました。

学んだのは一度自分の正しさや常識を疑ってみることです。

自分の正しいという思い込みの中にいて、絶対これしかないという白か黒かの二者択一ではなく、全く新しい三つ目の選択ができるという事があるのです。

会社というチームの在り方を考えたとき、世の中は令和の時代になったというのに、私たちの世代は昭和的な価値観や考え方が身に染みていてそれに囚われていることがあります。

自分の認知している世界の外側に気づくことで、自分を許し、人を受け入れることができ、本当の愛情をもって接することができるようになります。

本来の人としての生き方に気づくことができるのです。

一歩踏み出す勇気を持つことをお勧めします。

あなたの直感を信じてほしいと思います。そして大きな志を掲げて、同じ志をもつ仲間と進む人生は、とてもこころ豊かで毎日がワクワク楽しい人生に変わっていくはずです。

私たちはいったい何のために生まれてきたのか？　生きている間に何を成し遂げたいのかを考えるきっかけになれば幸いです。


この数年で私は変わりました。

顔つきが変わりました、体つきが変わりました。

にこにこしている時間が圧倒的に増えました。

病弱で不安の中にいたころの自分が、和太鼓や登山を通して身体も心も、軸がしっかりとしてきました。

大変なことが起きても受け入れるようになりました。

そして着実に前を向いて先頭で風を受けることを好むように変化してきました。

人は、志が明確になると、行動することに躊躇しなくなり、「今」を全力で生きるようになれば、体も精神も健康でエネルギーがあふれてくるという事を、体感し始めました。そして出会う人も同じ志の方が増えてきました。

今も私は成長の過程にいます。きっと魂の成長は一生続くのだと思います。


二〇二〇年十二月の感謝祭の司会として、舞台袖でオープニングを待っている私は、緊張感よりも感謝の気持ちであふれていました。

そして同志とも言える仲間とともに迎える勝負のイベントに立ち向かう準備ができていました。

きっと飛天の間で素人が司会をしたのは私と、ともちゃん（女性の司会）が初めてじゃないかと（笑）、でもこの司会をやれるのはプロではなくヒーローズのメンバーだけだという確信めいた思いがありました。

会場のお客様や仲間と一体となり「プロのショー」を超えたかのような不思議なエネルギーが会場を包み込んでいたのです。

私はダスキン福山の社長であり、息子であり、兄であり、夫であり、父親であり、地域のお世話役であることに変わりありません。が、同時にヒーローズのメンバーであり、それを全部ひっくるめたのが等身大の人間、髙橋良太です。

会社の中はうまくいっているかですって？

今も会社のみんなとはコミュニケーションを取り続けています。私が十数年重ねてきた昭和式のやり方のなごりから、信頼回復に少し時間のかかることもあるかもしれません。しかし心からの対話を続けていく事で、ある瞬間にして一気に好循環な環境に変わる予感がしています。今、私はこの直感を信じたいと思います。

今期の経営計画の中で社員の皆さんに真っ直ぐに、こう伝えました。

「私は皆さんとダスキン福山で、この世の中を変えていきたい。喜びのタネをまこう！　閉ざされた、不安と恐れに支配される事なく、明るく元気で心を開き、喜びに満ち、人と繋がり、微笑み合う本来の幸せな世界に変えていきたいのです」

目の前の仕事だけにとどまらず、社会に貢献するというヒーローズの活動を通して日本を元気にし、近い未来にもう一度、「世界中が尊敬する日本」が復興すると信じています。日本人が大切にしてきた何かが戦後失われました。若者が夢を語らず希望を持たない今のままでは決して幸せな世の中に向かうとは思えません。

ヒーローズクラブでは日本の歴史や世界の情勢、最新情報についても学びます。皆さんの中からこの先、共に学び、同じ志を目指して行動する仲間が増えることを心から願っています。

最後までお読みいただきありがとうございます。

喜びと感謝を込めて

二〇二一年　株式会社ダスキン福山

代表取締役社長　髙橋良太

おわりに

二〇一九年ヒーローズクラブを立ち上げたのは、この日のためだったかもしれません。

このコロナ禍、助かるための努力することすら許されなくなれば心が折れそうになってしまうでしょう。しかし小さくても確実な手応えさえあれば、一歩ずつ歩んでいけるのではないでしょうか？

今、世界は孤立し、分断され、隔離されているような閉塞感に満ちています。でももし、善き仲間がいればどうでしょう？　あなたを助けたい、応援したいという善き仲間がたくさんいればどうでしょうか？

日本は小さな国ではありません、みんなが助け合い、立ち上がればできることはいくらでもあるはずなのです。

しかし、今までの考え方では対応できないでしょう。全く新しいコミュニティと教育が鍵になる……。そう考え、精神と体を鍛えると共に、生き残りをかけて、教育を中心に善き仲間のコミュニティを創ってきました。

私たちはシラサギが田圃を自由に飛び交う本来の農業を、太鼓の音が響きあうお祭りを、志高く言霊で戦える強さを、皆で助け合う優しくて楽しく美しい日本を復興したいのです。

それが二〇二一年からはじまるヒーローズクラブ豈《やまと》プロジェクトなのです。


万物に命が宿り神々に守られていると自然に思える日本の精神。

ご縁や感謝を大切にする気持ち。

不思議なものでより大きく愛する世界が拡がるほど、愛されることも拡がっていきます。


だから目の前の人が立派に育つように愛すればいい。

親が私たちにとんでもない時間をかけて、精一杯愛し育ててくれたように、目の前の人を愛する家族だと思って大事にできれば幸いです。

あなたから拡がる愛は、あなたの世界を思いのほか暮らしやすくするでしょう。

愛とは人を、愛社精神とは会社を、愛国心とは国を立派に育てる力なのです。

「HERO' S CLUB」主宰
株式会社ワールドユーアカデミー 代表取締役　仲村恵子

カナディアンロッキーの映像や、体験記などもたくさんありますので、「World U Academy/ヒーローズクラブ」のＹｏｕＴｕｂｅチャンネルを見てみてくださいね。

YouTube チャンネル
QR コード

仲村　恵子 (Keiko Nakamura)

ビジョン経営コンサルタント
株式会社　World U Academy 代表取締役
ヒーローズクラブ主宰　豈《やまと》プロジェクト代表

22 歳で独立起業し業績を伸ばすも、いつのまにか数字を追いかけ続ける人生に疑問を持つ。世界中にメンターを探し、「人生と仕事の繁栄を実現する」ための「考え方をシフトする独自のプログラム」を開発。ビジョン経営コンサルタントとして、延べ 1 万人以上のトレーニングを担当。

研修しても根本的な解決は出来ないと言われるコンテンツ「(人間関係と新時代のお金の問題)」を、画期的な学習プロセスで安全に理解し、まるで奇蹟のようだと言われる結果を引き起こし、経営者・経営幹部・後継者・ご家族の問題を根本的に解決し、数々の実績を収める。

近年では日本人の根幹となる精神性の高さを復興する豈プロジェクトを立ち上げ「地球で学ぶ。会社が魂の学校になる日」を始動。世界遺産屋久島・カナディアンロッキー・ヒマラヤ山脈・北極圏など地球をフィールドに質の高い体験を通して、社会に貢献し愛される魅力的な会社を超えたコミュニティづくりに邁進している。

World U Academy　https://world-u.com
ヒーローズクラブ　https://heroes.world-u.com

経営という冒険を楽しもう 3
コロナ禍に立ち上がった経営者たち

定価（本体1364円+税）

乱丁・落丁はお取り替えします。

2021年7月 4日初版第1刷印刷
2021年7月15日初版第1刷発行
著 者　仲村恵子
発行者　百瀬精一
発行所　鳥影社 (www.choeisha.com)
〒160-0023 東京都新宿区西新宿3-5-12トーカン新宿7F
電話 03-5948-6470, FAX 0120-586-771
〒392-0012 長野県諏訪市四賀229-1（本社・編集室）
電話 0266-53-2903，FAX 0266-58-6771
印刷・製本　モリモト印刷

ISBN978-4-86265-905-7 C0095